Über dieses Buch Der Dichter Albrecht Goes erweist sich hier als einfühlsamer Interpret von hohem Rang. Zwanzig Aufsätze enthält dieser Band, zwanzig Deutungen von Dichtern und Gedichten, darunter den berühmten Mörike-Essay. Für sie alle gilt, was der Autor über sein früheres Buch ›Freude am Gedicht‹ schrieb: »Wir werden versuchen, zu lesen, was dasteht; nicht mehr, nicht weniger. Dabei wird es uns zukommen, zu denken und zu fühlen, zu träumen und zu wachen, und unablässig zu fahnden nach der Zone, in welcher Denken und Fühlen, Träumen und Wachen beisammen sind, nach der Zone des Geheimnisses und der Verwandlung.«

Der Autor Albrecht Goes wurde am 22. 3. 1908 im Pfarrhaus Langenbeutingen in Württemberg geboren. Seine Kindheit verbrachte er in Berlin und später als Schüler der berühmten Seminare Schöntal und Urach im Schwäbischen. In Tübingen und Berlin studierte er Theologie. Von 1930 bis 1952 war er Pfarrer in Württemberg. Noch heute erfüllt Albrecht Goes einen Predigtauftrag. Er ist Ehrendoktor der Theologie der Universität Mainz. 1979 wurde er zum Professor ernannt.
Sein dichterisches Werk umfaßt neben vielem anderen die Novellen ›Unruhige Nacht‹ (1950), ›Das Brandopfer‹ (1954; Fischer Taschenbuch Bd. 1524), ›Das Löffelchen‹ (1965) und die Sammelbände ›Aber im Winde das Wort. Prosa und Verse aus zwanzig Jahren‹ (1963), ›Tagwerk. Prosa und Verse‹ (1976), ›Lichtschatten du. Gedichte aus fünfzig Jahren‹ (1978). Er ist außerdem Herausgeber des Bandes ›Mozart-Briefe‹ (Fischer Taschenbuch Bd. 2140).

Albrecht Goes

Dichter und Gedicht

Zwanzig Deutungen

Fischer
Taschenbuch
Verlag

Unveränderte Neuausgabe
Fischer Taschenbuch 5248
Originalausgabe der Fischer Bücherei (Bd. 771)
1.–22. Tausend: Dezember 1966
Neuausgabe:
23.–29. Tausend: März 1983
Fischer Taschenbuch Verlag GmbH, Frankfurt am Main

Umschlagentwurf: Jan Buchholz/Reni Hinsch
Umschlagfoto: Amt für Information
Gesamtherstellung: Hanseatische Druckanstalt GmbH, Hamburg
Printed in Germany
880-ISBN-3-596-25248-2

Inhalt

EDUARD MÖRIKE

Früh im Wagen

Es graut vom Morgenreif
In Dämmerung das Feld,
Da schon ein blasser Streif
Den fernen Ost erhellt.

Man sieht im Lichte bald
Den Morgenstern vergehn
Und doch am Fichtenwald
Den vollen Mond noch stehn:

So ist mein scheuer Blick,
Den schon die Ferne drängt,
Noch in das Schmerzensglück
Der Abschiedsnacht versenkt.

Dein blaues Auge steht,
Ein dunkler See, vor mir,
Dein Kuß, dein Hauch umweht,
Dein Flüstern mich noch hier.

An deinem Hals begräbt
Sich weinend mein Gesicht,
Und Purpurschwärze webt
Mir vor dem Auge dicht.

Die Sonne kommt; – sie scheucht
Den Traum hinweg im Nu,
Und von den Bergen streicht
Ein Schauer auf mich zu.

Es ist nicht nötig, von der Person des Dichters etwas zu wissen, um ein Gedicht zu verstehen: Verfassernamen stören zuweilen, und das eine und andere Mal könnte es sich ziemen, sie zu vergessen. Der Knabe Carossa konnte nicht begreifen, was »spaßige Wörter wie Klopstock, Mörike oder Kopisch, die im poetischen Hausschatz unter den Gedichten zu lesen waren, mit der innigen Musik der Verse zu tun haben sollten«, man erinnert sich an die ergötzlichen Schilderungen aus den ›Verwandlungen einer Jugend‹. Gedichte sind mehr als ihre Dichter: das ist ihr Geheimnis, ihre Legitimation. Auch die Umkehrung dieses Satzes, die Versicherung: Dichter sind mehr als ihre Gedichte – gibt einen Sinn; das Phänomen Goethe zum Beispiel, geht weder in die Hymnen der Frühe noch in die sublimen Gebilde des ›Divan‹ hinein ohne Rest; Überfluß ist im einen wie im anderen Fall der Name des Gesetzes, das hier regiert.
Worauf es ankommt, ist dies: daß wir einen dichterischen Text um seiner selbst willen lesen und ihn fürs erste und zweite in sich selbst genug sein lassen. Biographische Erfahrungen stehen auf einem anderen Blatt, und die Kenntnis der Entstehungszeit eines Gedichts trägt lange nicht immer etwas Ersprießliches bei zu seinem Verständnis. Gerade bei Mörike gibt es ja – ein wenig vereinfacht gesagt – kaum eine Entwicklung. Der Einundzwanzigjährige schrieb das Gedicht ›An einem Wintermorgen, vor Sonnenaufgang‹. Wer es kennt, wird sich in Wahrheit fragen, wohin eigentlich von diesem Gedicht, einem vollkommenen Gedicht, noch eine Entwicklung zielen könnte. Unser Gedicht ›Früh im Wagen‹ gehört nicht zu diesen Gedichten des Anfangs, sondern in die Mitte von Mörikes Leben und damit bei dem so früh Verstummten schon fast an das Ende seiner Schaffenszeit. Doch bedeuten derlei Daten nicht viel. Das Wahre, Wirkliche, das Gültige ist ohnehin immer wie außer der Zeit.
›Früh im Wagen‹ ist keines von den bekanntesten unter Mörikes Gedichten, auch ist es – man mache die Probe aufs Exempel – nicht eben leicht auswendig zu lernen. Ein Gebilde der Grenze ist es, und das in mehr als einem Betracht. Es wohnt an jener Grenze des halbbewußten Lebens, von der eine scharfsichtige Bemerkung des Novalis spricht: »Wir sind dem Erwachen nah, wenn wir träumen, daß wir träumen.«

Die Stunde dieses Gedichts ist die Stunde vor Tag, die fröstelnd frühe, eine Stunde, in der sich der Dichter Mörike – man kann so sagen – ausdrücklich zu Hause gewußt hat: immer wieder ist er im Gedicht zu ihr zurückgekehrt. Es ist dies nicht die romantische Stunde, nicht Eichendorffs Abend, nicht die Stunde der tiefen Träume: die Dämmerung, von der eingangs die Rede ist, hat nichts zu tun mit der Dämmerung aus dem ›Abendlied‹ des Matthias Claudius. Hier ist nichts »so traulich und so hold«: Wipfel an Wipfel in scharfer Kontur geschnitten und gezackt – so ragt der Fichtenwald in dieses vier Uhr, fünf Uhr früh. Beide, der volle Mond und der Morgenstern, der verblassende, erscheinen, jeder ein einzeln Einziger, unverwechselbar und streng. Im Doppelreim dann sind sie einander gesellt: dieser Morgen mit seinem ersten Licht und der immerwährende Wald: »... im Lichte bald / ... am Fichtenwald« – und dieser Doppelreim – den Mörike sonst kaum einmal verwendete – prägt eine fast beängstigende Überdeutlichkeit ins Bewußtsein, jene Überdeutlichkeit des Außen, die sich selbst versteht als Gleichnis für ein Innen, das schmerzhaft scharf gesehen und erfahren wird: »So ist mein scheuer Blick« –. Was nun diesen Innenraum angeht, so erscheint zunächst ein Signet, ein Begriff, und zwar ein für Mörikes Jahrhundert ganz ungewöhnlicher, wir möchten sagen, ein moderner Begriff, ein gefährlich-gefährdeter, ein Zwielichtbegriff, es erscheint das Wort ›Schmerzensglück‹. Aber dann öffnet sich der Vorhang, und aus dem dunklen Gehäuse der Erinnerung, aus den Erfüllungen der jüngst vergangenen Vergangenheit, aus der unwiderruflichen, der Abschiedsnacht steigt Bild um Bild. Alle Sinne leben; leben, wie man in solcher Stunde lebt, bang und überwach. Gesicht, Gefühl und Gehör, eins dem andern zu Hilfe eilend, eins das andere steigernd – bis zur deutlich getasteten Wirklichkeit steigernd, und nichts ist für Mörikes Dichtung so bezeichnend wie diese Genauigkeit gerade auch der sinnlichen Wahrnehmung. Er ist alles andere als leibarm, leibfern, leibfeindlich. Leiblichkeit: sie ist – nach einem tiefen Wort des schwäbischen Mystikers Oetinger – »das Ende der Wege Gottes«, sie ist auch das Ende der Wege des Dichters, und so endet es denn: »An deinem Hals begräbt / Sich weinend mein Gesicht / Und Purpurschwärze webt ...« – Purpurschwärze: in diesem Wort ist die geheimnisvolle

Chiffre Schmerzensglück noch einmal aufgenommen. Purpurschwärze: sieht man das? O ja. Aber eben dort, wo Mörike es sieht: »Vor dem Auge dicht« – dort nämlich, wo äußere und innere Sicht nicht mehr zu unterscheiden sind.

»Die Sonne kommt«: das könnte bei Goethe stehen, und es steht auch bei Goethe, wortwörtlich, im ›Divan‹ nämlich; aber so, wie es hier steht, erscheint es ganz eigen, und sehr anders als in Goethes Vers. Nicht Helios erscheint, nicht das flammenhufige Gespann. »Die Sonne kommt« – das ist hier fast der Feind, der sich naht. Der Traum, das Schmerzensglück, die geliebte, in Schrecken geliebte Welt entschwebt, sie löst sich, wie Nebel sich lösen, und was das Feld behält, das ist: der Schauer.

»Und von den Bergen streicht / Ein Schauer auf mich zu.« Ein Schauer: das ist nicht Kontur, nicht Fichtenwald und Morgenstern, nicht blaues Aug' und dunkler See. Ein Schauer, das ist das Es, das mysterium tremendum. Man versteht, wenn man dieser Strophe nachhorcht, warum Mörike eine Musik wie Mozarts ›Don Giovanni‹ so über alles geliebt hat: der unermeßliche Ernst, der gerade dort, wo wir uns seiner nicht versehen, eintritt und die Szene bestimmt, er ist bei Mörike wie bei Mozart der nämliche Ernst. Um noch einer Einzelheit nachzugehen, die freilich, recht verstanden, keine Einzelheit ist, sondern die Tinktur des ganzen Gedichts bestimmt: es ist merkwürdig, wie wenig in diesem Gedicht Jahreszeit ist, eindeutig fühlbare, und wie auch die Landschaft, die sonst in Mörikes Gedicht meist Schwaben, Franken, Land Hohenlohe heißt und anders nicht, diesmal nur wie durch den Tränenschleier hindurch gesehen ist, Seelenlandschaft – wobei sie freilich nicht das geringste einbüßt an Unmittelbarkeit, an Inständigkeit, an Natur.

»Große Dichtung: ist sie nur die höchste Leistung menschlichen Vermögens oder ist sie eine Stimme von jenseits des Menschen?« So läßt Thornton Wilder in den ›Iden des März‹ seinen Cäsar fragen, und ein Gedicht wie Mörikes ›Früh im Wagen‹ rechtfertigt die Cäsarfrage wieder und wieder. Wir werden gut daran tun, sie als Frage stehen zu lassen und den Schauer nicht deuten zu wollen, der von der Bergwelt des schöpferischen Geistes niederstreicht in die Bezirke gelebten Lebens, in ihre Süße, in ihren Ernst, in ihre flüchtige, zitternde Herrlichkeit.

RICARDA HUCH

Tief in den Himmel verklingt

Tief in den Himmel verklingt
Traurig der letzte Stern.
Noch eine Nachtigall singt
Fern – fern.
Geh schlafen, mein Herz, es ist Zeit.
Kühl weht die Ewigkeit.

Matt im Schoß liegt die Hand,
Einst so tapfer am Schwert.
War, wofür du entbrannt,
Kampfes wert?
Geh schlafen, mein Herz, es ist Zeit.
Kühl weht die Ewigkeit.

Ricarda Huch starb im November 1947, im goethischen Alter, »alt und lebenssatt«, wie es in den biblischen Berichten heißt, und es muß nichts Vergrämt-Resigniertes in dieser Wendung liegen. Unvergeßlich bleibt das Löwenantlitz der Vollendeten, wie es uns damals im Lichtbild vor Augen gestellt wurde.
Hätten wir dieses letzte Bild nicht, so wäre uns in diesem Gedicht etwas wie ein letztes Bild erhalten. Dieses frühmorgendliche Selbstgespräch des Herzens, es ist, Goethes Bräutigamsstrophen verwandt, ein Abschied, ein fast heiliges Ganzzuletzt, empfangen zu der Stunde, die höchstem Alter gemäß ist: nicht am Anfang der Zeit, nicht in der Stunde Arnims (»Mir ist zu licht zum Schlafen«), am Ende vielmehr, am Ende der Nacht, nachdem alles durchwacht wurde, der ganze Tag und die Nacht bis wieder an den Tag, und es nun gilt, was zu früher Stunde schon Ludolf Ursleu am Ende seiner

Aufzeichnung geschrieben hatte: »O schweige, meine Seele, es ist vorüber.«
Wieviel ist über diese Augen hingegangen von allem Anfang an, Sterne und Wolken, Leben und Schicksal, Sorge und Glückstag: »Dies also, dies ist das Leben, Michael Unger? Dies sind die süßen und tödlichen Früchte, die du von seinem Baum zu pflücken gedachtest?« Leidenschaft, wie sie selten einmal im Werk einer Frau zu lodern vermocht hat, Sapphos Feuer und die hingerissen-hinreißende Gewalt der Elizabeth Barrett-Browning waren am Werk, kühn gebündelt mit der strengen, ernsten Gescheitheit einer Historikerin wachesten Sinnes; zuletzt schmolz beides, das Wissen und die Liebe, im Feuer der Zeit, wurde geglühtes Gold, wurde Bruder-, Schwester- und Mutterschaft, bereit, den Opfern der fluchwürdigen Tyrannei ein Denkmal zu setzen.
Ja, eine lange Wache, das war ihr Leben gewesen. Und überwach nun, mit geschärftem Sinn hört, wer so lange zu horchen hatte, überscharf, obgleich Gesicht und Gehör ineinander vergehen: Sternenmusik, Vogellaut – wer unterscheidet's? »Tief in den Himmel verklingt / Traurig der letzte Stern.«
»Noch eine Nachtigall singt –«. Der süße Ton! Italien hatte ihn gebracht, hundertstimmig, und Heidelberg auch; es war die Musik des Lebens gewesen. Und sie alle, die ihr Geist zum Leben erweckt hat, Edzard und Fra Celeste und Wonnebald Pück, sie haben es so gemeint: daß sie schön klinge, diese Musik des Lebens, noch im Schluchzen, noch im Herzleid wert, gesungen, gespielt, gehört zu werden. Verschwendung: das war ihr Gesetz und ihr Auftrag gewesen, einen Sommer hin, einen Tag hindurch, eine Nacht: »Liebst du auch so sehr?«
Das ist nun weit. Der schöne, volle Chor ist verstummt; die Tyrannei ist zerschlagen – aber auch das Vaterland liegt in Trümmern. Kolonnen ziehen durch Jena, aber ihre Lieder sind unvertraut, und selbst die Ehrerbietung, die an ihre Türe klopft, hat ein fremdes Gesicht. Es ist Herbst.
»Noch eine Nachtigall singt / Fern – fern.« Wie fern ist das! Wie groß ist die Pause zwischen den Tönen; wie verklingend schon dieses »fern – fern«. Die Stunde des großen Schweigens, sie hat begonnen, unaufhaltsam wächst ihre Herrschaft,

ihre Herrschaft allein. Auch das glühendste Herz wird ihr untertan und fügt sich.

»Geh schlafen, mein Herz, es ist Zeit.« So redete man wohl einem ungebärdigen Kinde zu, so schickt man das fieberheiße zur Ruhe, gütig, begütigend. Aber das Herz, und nun das Herz einer Dreiundachtzigjährigen, ist kein Kind, und dies Lied denn auch kein Wiegenlied.

»Es ist Zeit.« Wer das C-Dur-Quintett von Schubert kennt und sich des zweiten Satzes darin erinnert, jenes Adagios, in welchem das zweite Cello in vielfacher Wiederholung eine Figur auszuführen hat, die bang und schwer anmutet wie Abschied, Klopfzeichen und Stundenschlag, dem wird dies hinfort zur Einheit verschmelzen: jener Gesang und dieser Gesang: »...mein Herz, es ist Zeit. / Kühl weht die Ewigkeit.«

Ist das vom Fenster her? Ist das der Morgenwind? Nein, der Morgenwind ist das nicht. Das ist wie aus anderem Bereich. Lebensglut und die Feuer des Geistes, sie reichen nicht über das Hier und Jetzt hinaus: sie sind erloschen, und von neuen Leuchtfeuern und von neuem Tag spricht diese Stimme nicht. Bescheidung regiert, weiser Verzicht; aber Glaube denn doch und eine letzte Zuversicht: »Kühl weht die Ewigkeit.«

Die Einsamkeit, immer schon die Gefährtin der Dichter – denn die vom Markt folgen nicht in jene Welt unablässiger Entscheidungen, die alle wirklichen Dichtungen begleiten –, nun ist ganz ihre Stunde gekommen. Die Tischgenossen vom Gastmahl des Lebens, die Freunde, wo sind sie?

»Matt im Schoß liegt die Hand, / Einst so tapfer am Schwert.« Es ist uns nicht immer ganz geheuer, wenn die Poeten von ihren Schwertern reden. Dem Herrn Walther von der Vogelweide freilich und dem Ritter Ulrich Hutten steht die Rede an, und auch hier, bei Ricarda Huch, klingt sie wohl. Denn hier war ein Leben, das sich gestellt hat, in Ja und Nein, in Liebe und Zorn. Hier ward zu dem alten Urstreit um die Wahrheit ein gutes Teil beigetragen. Als die Tyrannis nicht wenige unter den Wortführern der Zeit verwirrte und bestrickte, blieb sie unbeugsam: noch der heimlichen, noch der geistigen Verführung begegnete sie mit trotzigem Nein. Und Kampf konnte es heißen, unablässig eines zu tun: aus dem

Bergwerk das Erz zu schlagen, aus dem dumpfen Schweigen den Laut, aus der Trägheit die Liebe.

»War, wofür du entbrannt, / Kampfes wert?« Es ist dieser Frage kein Gran Resignation beigemischt. Es soll nicht klingen wie: nein, die Mühe war umsonst. So, wie hier gefragt wird, so fragt die letzte Weisheit. Tausendmal wurde die Waage mit Gewichten behängt, nun ruht sie im Gleichgewicht. Gleich den Fragen des Sokrates hängt diese Frage über dem Leben, das Sternbild dieser Frage. Antwort ist für die Himmlischen. Für uns ist es genug, gefragt zu haben.

Denn: »Man wird für die Wahrheit kämpfen müssen, ohne daß sie sichtbar als Stern und Feuer voranleuchtet.« So steht es in einem der letzte Bücher der Ricarda Huch, in den ›Urphänomenen‹, geschrieben. Der Satz bedeutet: es gibt kein Unentschieden. Was hier geschieht, ist »Kampfes wert«. Nur daß es nicht verheißen ist, das gelobte Land schon zu sehen, der Kinder Heimat und der Enkel Glück.

Es mag einen locken, ein paar von den Geheimnissen der Schönheit dieses Gedichts an ihrem Ort zu besuchen.

Da sind die vier i-Vokale der ersten Zeile (»tief in den Himmel verklingt«), Sphärenton des Anfangs; und dann »matt ... liegt die Hand ... tapfer am Schwert«: die vier a, die nun breit, groß und aufgetan den Erdbezirk deuten. Wo entscheidet sich solche Wahl? Im Unbewußten noch, schon im Bewußten? Wir machen es nicht aus.

Und weiter: das, was in der ersten Strophe, in dem »fern – fern« in der Schwebe gelassen war, das kehrt in der zweiten an seinen irdischen Ort zurück, schrittgenau, taktgenau, streng im Dienst: »Kampfes wert«.

Endlich: das Ritornell, der wörtlich gleiche Kehrreim, ist durchaus *nicht* der gleiche Reim. Im ersten Vers klingt er bang, im zweiten aber gelassen, ja getrost. Einverstanden zuletzt: als ein Ja zum Tod, vielmehr ein Ja zum ewigen Leben.

Eines noch bleibt auszusprechen: Gedichte gewinnen ihr Leben, das Unzerstörbare, das Unverwechselbare ihres Lebens nicht eigentlich vom Glück einiger kostbarer Formulierungen, sondern vom Maß gelebten Lebens, von der ihnen innewohnenden Wirklichkeit. Gedichte wie dieses Gedicht sind nicht erfüllte Augenblicke, so kostbar auch erfüllte Augenblicke sein können; sie sind eine Summa, ein Becher: reifen, herbsüßen, dunklen Weines schwer. Derlei Verse schreibt der Morgen nicht, der Mittag nicht. Sie stehen am Ende. Aber sie selbst sind nicht das Ende, sondern die Vollendung.

HUGO VON HOFMANNSTHAL

Wir gingen einen Weg

Wir gingen einen Weg mit vielen Brücken,
Und vor uns gingen drei, die ruhig sangen.
Ich sage dies, damit du dich entsinnst.
Da sagtest du und zeigtest nach dem Berg,
Der Schatten trug von Wolken und den Schatten
Der steilen Wände mit unsicheren Pfaden,
Du sagtest: »Wären dort wir zwei allein!«
Und deine Worte hatten einen Ton
So fremd wie Duft von Sandelholz und Myrrhen.
– Auch deine Wangen waren nicht wie sonst. –
Und mir geschah, daß eine trunkene Lust
Mich faßte, so wie wenn die Erde bebt
Und umgestürztes prunkvolles Gerät
Rings rollt und Wasser aus dem Boden quillt
Und einer taumelnd steht und doppelt sieht:
Denn ich war da und war zugleich auch dort,
Mit dir im Arm, und alle Lust davon
War irgendwie vermengt mit aller Lust,
Die dieser große Berg mit vielen Klüften
Hingibt, wenn einer ruhig wie der Adler
Mit ausgespannten Flügeln ihn umflöge.
Ich war mit dir im Arm auf jenem Berg,
Ich hatte alles Wissen seiner Höhe,
Der Einsamkeit, des nie betretnen Pfades
Und dich im Arm und alle Lust davon...
Und als ich heut im Lusthaus beim Erwachen
An einer kühlen Wand das Bild der Götter
Und ihrer wunderbaren Freuden sah:
Wie sie mit leichtem Fuße, kaum mehr lastend,
Vom dünnen Dache weinumrankter Lauben
Ins Blaue tretend aufzuschweben schienen,

Wie Flammen ohne Schwere, mit dem Laut
Von Liedern und dem Klang der hellen Leier
Emporgeweht; da wurde es mir so,
Als dürft ich jenen letzten, die noch nah
Der Erde schienen, freundlich ihr Gewand
Anrühren, wie ein Gastfreund tuen darf
Von gleichem Rang und ähnlichem Geschick:
Denn ich gedachte jenes Abenteuers.

Es ist ein anmutiges und nicht einmal müßiges Spiel, sich Stunden der Vergangenheit, längst entschwundene, zu denken, deren Teilnehmer gewesen zu sein man sich wünschen möchte. Da würde ich mir – neben mancher anderen – auch *die* Stunde herwünschen, in welcher Hermann Bahr und Hugo von Hofmannsthal sich zum erstenmal begegnet sind, sie liegt nun schon 90 Jahre zurück. Stefan Zweig hat in seinem Erinnerungsbuch ›Die Welt von gestern‹ von ihr erzählt. Wie da Hermann Bahr mit einem Unbekannten, der unter dem Namen Loris kostbare Dinge veröffentlicht hatte, in das Wiener Kaffeehaus verabredet war, eines Würdigen, Gereiften, Wissenden und Weisen sich versehend, und dann geht die Tür auf, und einer in Knabenhosen tritt an den Tisch und sagt, knapp und entschieden: »Hofmannsthal. Ich bin Loris!« – dies, ja dies also hätte ich nicht ungern miterlebt. Jünglingsvollkommenheit – ist sie nicht doch der kostbarste Wein, den uns das Leben kredenzt? Und ist es nicht so, daß, wo immer wir teilhaben an solcher Strahlung, eine eigene Angst in die Freude eindringt: bei Mozart, bei Novalis – und hier?
Ein Jahrzehnt nur, kaum ein Jahrzehnt währte für Hofmannsthal diese, man möchte sagen: verzaubert-verzaubernde Epoche. Es waren die Jahre, in denen ›Der Tor und der Tod‹, ›Der Tod des Tizian‹ und die anderen kleinen Spiele entstanden sind und auch die Mehrzahl der Gedichte, die – jedes einzelne mit seinem Titel – hohen Ruhm erlangt haben: ›Die Beiden‹, ›Großmutter und Enkel‹, ›Manche freilich.‹ Unser Gedicht gehört seltsamerweise insofern nicht ganz in diese Reihe, als es von Hofmannsthal selbst nicht in die Ausgabe der Gedichte aufgenommen worden ist. Erst als durch eine fremde Hand nach Hofmannsthals Tod eine ›Nachlese der Gedichte‹ herausgegeben wurde, kam auch dies Gedicht aus dem Jahr 1897

(als die Arbeit eines Dreiundzwanzigjährigen) zum Vorschein.

Was ist das für ein Gedicht? Ist es, seiner Art nach, ein Ende oder ein Anfang? Es ist beides. Ein Anfang: deutlich genug unterschieden von der Art, in der die Strophengedichte Storms, Kellers Liliencrons gestaltet sind, geht es seinen Gang. Deutlich auch getrennt von der Ballade des Conrad Ferdinand Meyer, mit dem eine Verwandschaft wohl besteht: es ist die einer gemeinsamen Liebe zur Patriziersphäre, zu den schönen Wanderungen durch die Geschichte, zu Italienfahrten. Ein Anfang also ist dieses Gedicht, und dann schon fast wieder ein Ende; ein Anfang, der sich selbst zum Ende begleitet, der – um nur eines zu nennen – nicht Schule machen konnte in dem Sinn, in dem etwa Rilke von allem Anfang an Schule machte. Rilkes traurige und süße Jugendverse waren höchst unvollkommene Gebilde, man konnte in sie eintreten wie in einen von Stimmen erfüllten Wald, in dem man sogleich selbst mitsang. Hofmannthals Gedichte sind durchaus nicht unvollkommen, sie sind von einer fast beängstigenden Endgültigkeit: es kommt nichts mehr hinter ihnen, es kann gleichsam nichts mehr kommen, nicht einmal von Hofmannsthal selbst.

In einem reinen, fast gelassenen Andante gehen sie einher, diese Erzählverse, nicht unähnlich einem intimen Brief, oder auch zu verstehen als kleiner, nicht sonderlich betonter Auftritt, geschrieben für eine imaginäre Bühne. Es gibt Hintergrund und Wechsel der Kulisse, Schatten und Licht, es gibt das beiseite gesprochene Wort, die Regiebemerkung, etwa gleich eingangs das »Ich sage dies, damit du dich entsinnst«, und die mächtige Steigerung gibt es auch, den hohen Augenblick, den Ausruf der Liebenden, das großoffne »Wären dort wir zwei allein!« Und doch sind die Verse alles andere als ein Bühnenstück, als die Staatsaktion einer Ballade. Ihre Aufgabe ist nicht: eine reiche, längst vollendete Welt darzustellen und mit dem eigenen Gefühl zu behängen, wie jener König den schönen Baum mit kostbarem Schmuck behängen ließ. Ihre Sache ist es vielmehr, aus einem Fastnichts an Ereignis, an Wirklichkeit, jenen Weltraum zu schaffen, der schwebt und glänzt: ein Stern, ein Kosmos, ein wunderbar geselliges Ganzes.

Dies, meine ich, sei das eigentliche Element dieser Hofmannsthalschen Gedichte: Geselligkeit – österreichische; umschattete Heiterkeit, noble Distanz und zärtliches Zueinander.
Da sind die »drei, die ruhig sangen«. Wie der Chor im antiken Schauspiel treten sie auf, nur freilich ohne tragischen Akzent: sie sind nichts als Stimme, ruhiger Gesang, sich selbst gesellt, in sich gestillt. Und dann sind da die beiden Liebenden. Welche beiden? Es ist nicht gesagt, es ist nichts gesagt. Nichts? Genug! Genug in diesem einen Ausruf, diesem hingerissen-schutzlos sich selbst preisgebenden Wort: »Wären dort wir zwei allein!« Ganz frei schwebt dieses Wort, wie ein großer Vogel schwebt. Nur daß es sich aufgenommen, gehalten und umschlossen weiß, dieses Wort: denn da ist der Hörer des Ausrufs, der andere, und er ist mit allen Kräften gegenwärtig. Er ist zugetan der Liebe, dem Leib, der Süßigkeit, und ganz auch dem Geist geöffnet; ein Freund der wissenden Lust, einer, der den »Weg mit vielen Brücken« geht, dort also, wo Ereignis und Empfindung einander nahen. Nichts im Vordergründig-Wirklichen verändert sich, er aber kann sagen: »Und mir geschah«.
Recht als ein Wort der Brücke und des Übergangs steht da das Wörtlein; ›irgendwie‹ das Modewort unserer Tage. In einem Gedicht von heute würden wir ein solches »irgendwie« schelten als den Ausdruck eines unklaren Gefühls oder als Floskel einer künstlichen Verwischung: damals, als Hofmannsthal sein Gedicht schrieb, konnte das Wort noch gelten: »...und alle Lust davon / War irgendwie vermengt mit aller Lust –« irgendwie, im Unwägbaren, im Reich der Spiegel und der Spiele naht sich jedem Hier ein Dort, und die einsam-selige Lust dieser Liebenden verschmilzt mit der Herrlichkeit einer großen Bergwelt. Aus weiter Landschaft strömt der Atem des frühen Schöpfungstages herein in unsren Tag.
Endlich aber gesellen sich den Singenden und den Liebenden die Götter selbst. Da ist das Bild der Götter – man mag an Tintoretto oder an sonst einen italienischen Meister denken; auch sie, die Götter, sind unter sich, wie denn die Seligen unter sich sind, aber zugleich gehören sie zu der Welt, die ihnen Verehrung darbringt» ... mit dem Laut / Von Liedern

und dem Klang der hellen Leier«. Wohl: »emporgeweht«, und also Götter – aber: »noch nah der Erde«.
Ganz zuletzt erreignet sich die wahre »Berührung der Sphären«. Berührung nur, nicht Vereinigung. Nicht nach den Worten aus der Zauberflöte: »Dann ist die Erd' ein Himmelreich / Und Sterbliche den Göttern gleich.« Aber doch so, daß diese Mozartsche Musik mit einer fast zwingenden Genauigkeit der Entsprechung die Hofmannsthalschen Verse durchtönt – bis hin zur letzten Zeile: »Denn ich gedachte jenes Abenteuers.«
Geselligkeit verlangt gelöstes Gewand. So dringend zu den einsam-feierlichen Gedichten Hebbels oder Platens der Reim gehört, so undenkbar wäre hier eine Form, die in den Nähten spannt, die zwingt und gezwungen wird; metrische Nachlässigkeit freilich oder Lässigkeit nur gestattet sich dieser Dichter in keinem Augenblick. Große Innenräume tun sich auf, aber nirgends stockt der Fuß. Eros ist gegenwärtig, er ist beherrschend, aber es sind »Flammen ohne Schwere«, die von ihm ausgehen. Alles Dumpfe, Leidenschaftlich-Verknotete, alles Heiße, Laszive, Verfitzte ist fern; wenn überhaupt ein Duft wahrzunehmen ist, so der leichteste nur, der reinste Hauch.
Soll man einzelnes hervorheben? Wir zögern; in einem vollkommenen Gedicht gibt es eigentlich nichts einzelnes, es gibt kaum sogenannte ›schöne Zeilen‹, keine Schmuck- und Prunkstücke. Nicht überhören dürfte man den innigen Augenblick einer Pause, in der das Leben den Atem anhält, vor Glück und Glücksverlangen zugleich: »Du sagtest: – – Wären dort wir zwei allein!« Das Ritardando sodann, das Zögern am Ende des Gedichts, das Sich-Bescheidende, Sichselbst-Verhüllende der Schlußwendungen. Fast schüchtern sind hier die Worte; »freundlich« steht da, und »Gastfreund«, und schüchtern ist selbst noch der Stolz in der Wendung vom »ähnlichen Geschick«: wie durch ein Fenster sieht die ernste Heiterkeit der Amphitryonsage herein. Endlich – und unvergleichlich schön die allerletzte Zeile. In jedem Fall entscheidet die letzte Zeile über den Rang eines Gedichts, was unsre kunstreichen Versifikatoren dazu verleitet, mit der letzten Zeile im besonderen zu prachtieren, wodurch sie denn freilich oft genug das ganze Gedicht schwächen und verdüstern.

Hofmannsthal aber schließt kühn und verhalten zugleich: »Denn ich gedachte jenes Abenteuers.« So also versteht er die Weltfahrt, das Wagnis des Gefühls, das schwerelose Ereignis. Das ist jener Hofmannsthal, der schreiben konnte: »Ein Gruß ist etwas Grenzenloses.« Was ist voll Gewicht? Das Leichte. Was ist voll Dauer und Unsterblichkeit? Das Flüchtige, der Ausruf, der Augenblick. Was bleibt? Das Niegeschehene.

Nein, nichts einzelnes mehr. Nur dies, und dies ganz: daß ein solches Gedicht zu jenen allerersten, nutzlos-seligen Erfahrungen unsres Lebens zurückführt, zu einer Stunde, in der wir der einfältigsten Empfindung unsres ganz zusammengefaßten Menschentums Raum gaben, recht gaben, und nichts zu sagen wußten als dies: wie schön!

GOTTFRIED KELLER

Du milchjunger Knabe

Der Umgang mit Gedichten ist – neben vielem anderen, was er uns bedeuten und bringen kann – auch eine Einübung in die Wahrheit der Spiele und des Spiels, in die Erkenntnis, daß es hier – endlich einmal: hier – nichts Prinzipielles gibt. Sagt einer: ein Gedicht muß so oder so sein, so sei ihm entgegnet: o nein! ein Gedicht muß gar nicht, es ist völlig frei. Es gibt Stilgesetze, gewiß; sehr zarte und sehr beständige Regeln gibt es, Unterscheidungen über den echten und den unechten Reim, über Rhythmus und Strophenbau, über Wortwahl und Pause, über Hochsprache und Tagessprache und über ihr Verhältnis zueinander im guten Gedicht: derlei ist seit Jahr und Tag bedacht und geordnet, und wer diese Ordnungen übertritt, muß wissen, daß er sich in Gefahr begibt: wer sie aber nie zu übertreten vermag, wird schwerlich ein großer Dichter sein. In Goethes ›Harzreise im Winter‹ oder in gewissen Gedichten aus dem ›Westöstlichen Divan‹ kann Meister Beckmesser Kunstfehler genug entdecken; dennoch ist die ›Harzreise‹ ein großes Gedicht, und die kecken Strophen aus dem Schenkenbuch überdauern die Zeit. Nein, ein Gedicht muß nicht so oder so sein; es kann immer so – und auch wieder ganz anders sein. Sechszeilig wie Mörikes ›Septembermorgen‹ und in sechs Zeilen vollendet, oder zwanzigmal so lang, wie Goethes ›Euphrosyne‹, und gerade dann vollendet; es kann leise sein und heftig, scheu und angriffsbereit, frech und fromm; es kann lautere Melodie sein und (mit halbem Herzen sei es eingeräumt) kaum beschnittenes Prosagestrüpp; es kann prächtig einhergehen und kann – auf allen Zierat verzichtend – einfach, ganz einfach sein. Nicht: es *muß* einfach sein. Es ist nicht so, wie man es zuweilen wohl sagen hört: daß eine Sache, die noch nicht einfältig gesagt ist, auch noch nicht wirklich gut gesagt ist. Hölderlins und Trakls

Gedichte sind alle nicht einfach, und doch wird keiner wollen dürfen, sie wären anders, als sie sind. Einige Male ist es dann aber wirklich geglückt, daß ein großes Gedicht fast völlig schmucklos einhergeht, zwei oder drei kurze Strophen umfassend, fünfzig Worte, nicht mehr, und kein kostbares, seltenes, feierliches Wort darunter; ein Gedicht, das man beim zweiten oder dritten Hören und Lesen schon auswendig kann, aber lange noch, nachdem es verklungen ist, hören wir zu, fragen wir: was ist das für ein Gedicht? Und wir horchen den Strophen nach, wie man dem Nachtwind nachhorcht. Hier ist ein solches Gedicht:

Du milchjunger Knabe,
Wie siehst du mich an?
Was haben deine Augen
Für eine Frage getan?

Alle Ratsherrn in der Stadt
Und alle Weisen der Welt
Bleiben stumm auf die Frage,
Die deine Augen gestellt!

Ein leeres Schneckhäusel,
Schau, liegt dort im Gras:
Da halte dein Ohr dran,
Drin brümmelt dir was!

Wie alt ist der milchjunge Knabe? möchte man fragen, damit man ihn vor sich sieht und die Frage seiner Augen ergründet, die Frage nur, nicht die Antwort; *die* wird man so wenig wissen wie die Ratsherrn in der Stadt und die Weisen der Welt. Wie alt ist er? Und die Antwort könnte lauten: fünf Jahre oder sechs. Warum? Weil dies das Alter ist, in dem die Augen fragen, nicht der Mund, und die Augen so groß und einfältig fragen, daß der, auf den die Frage zugeht, davor erschrickt. Ja, so ist es mit der Frage bestellt: sie ist dem Fragenden nicht bewußt, nur dem Gefragten. Im Fragenden ist nichts als das große, scheue Staunen; im Gefragten aber, und erst in ihm, wird das wach und offenbar: aber was wissen wir? Und dann deutet er auf das Schneckhäusel, das leere:

»Da halte dein Ohr dran« –. Es ist wirklich leer, das Schneckhäusel, und es brümmelt nicht drin. Das Brümmeln, das heimliche Surren und Sausen, das Atmen und Raunen muß schon in dem sein, der das Ohr dran hält. Das Wunder, er muß es schon in sich selber erfahren. Aber der Gruß ist gut, der Rat ist echt, der Trost ist verläßlich, es ist ein rechtes »Fürchte dich nicht«, unauflösbares Geheimnis wie das Geheimnis des Engels, eine Erinnerung an die wunderbare, die unversehrte Welt.

Mit der dritten Strophe des Gedichts – um dies hier gleich vorwegzunehmen – hat es übrigens eine besondere Bewandtnis. In einer ersten Fassung des Gedichts lautet sie, den Brahmssängern wohl vertraut: »Eine Meermuschel liegt / Auf dem Schrank meiner Bas', / Da halte dein Ohr dran, / Dann hörst du etwas!« Mächtig rauscht in der wehmütig-schönen Brahmsschen Vertonung das Meer: eine Antwort ist da, nicht eine Antwort für die Ratsherrn und für die Doctores, die ja nicht gefragt haben und denen auch die Frage des milchjungen Knaben nicht zu Herzen geht: sie haben ihre Ratsgeschäfte und haben ihre weise Sicherheit, ihre sichere Weisheit; aber dem Knaben tut sich die Gewalt des inständigen Lebens auf als ein immerwährender Ton.

In einer späteren Ausgabe seiner Gedichte hat Keller dann selbst die Meermuschel durch das Schneckhäusel ersetzt. War ihm das Bild von der Meermuschel auf einmal zu feierlich geworden, zu weit hergeholt? Oder war es einfach so, daß das Wort »brümmelt«, dieses Elementarwort mit dem herzlichen Mundartanklang, unversehens vor ihm aufgestanden war und nun Einlaß begehrte? Das wäre, wie man weiß, noch lange keine undichterische Erklärung für einen solchen Tausch. Gewiß ist in der Neufassung der letzten Strophe der Fraghans noch deutlicher sichtbar geworden: wie er sich da ins Gras hinabbeugt und das leere Schneckhäusel heraufholt, allein noch immer mit seiner Frage, aber schon nimmer so ganz allein. Ganz ruhig, wie vom undurchdringlichen Geheimnis behütet, steht er in der ersten Strophe vor uns, nur eben »milchjung«, nur eben – und dies ganz: schauendes Aug'. Dann, in der Taktunruhe der zweiten Strophe, wird alle Not offenbar und alle Verwirrung. Die Ratsherrn schreiten so sicher: »Alle Ratsherrn in der Stadt« –: in den a-Lauten offenbart sich die ganze eidgenössische Würde, und das Bienengesumm der Weisheit mischt sich darein: »Alle Weisen der Welt«; er aber, der milchjunge Knabe, ist ein stolpernder Taps: »Für eine Frage getan« und: ›Die deine Augen gestellt«: das sind seine Zeilen, seine Versuche, sein Stocken und sein Ungestüm, beides zugleich. Und man fragt: wie soll das zu Ende gehen, wie sich entwirren? Einfältig geht es zu Ende und gelind: nicht Rat und Stadt behalten das Feld, ein Wiesenplan nur, draußen am Zürichsee oder droben am Uetliberg, ein heiterer Nachmittag und »Ein leeres Schneckhäusel, / Schau, liegt dort im Gras.«

Aber nun könnte es sehr wohl sein, daß diese ganze Deutung des Gedichts falsch ist. Vielleicht ist der milchjunge Knabe nicht fünf, sondern fünfzehn, sechzehn Jahre alt; vielleicht ist das Ganze ein Liebesgedicht und keines von den geheuren. Bei Brahms muß man das Lied suchen unter der Überschrift *Therese*, und unter dieser Überschrift stand es auch bei Keller in einem Zyklus, der ›Von Weibern‹ hieß; doch hat der Dichter diese Überschrift, zu der jeweils ein Mädchenname gehörte, in späteren Ausgaben nicht mehr beibehalten. Eine Äußerung zu diesem Zyklus von Keller selbst liegt vor, in der heißt es: »Es sollen gerade keine Schilderungen der Leidenschaft, sondern bloß weibliche Marotten und Schicksale sein, und auch dies nicht ausdrücklich, sondern leichte, wunderliche Klänge, von denen ich selbst nicht recht weiß, wie sie entstanden.«

»Leichte, wunderliche Klänge«, ja: da könnte das Gedicht sehr wohl ein Gebilde der Herzensbewegung sein, und Therese, die dem Namen nach aus der Überschrift verschwunden ist, wäre immer noch da, sie wäre es, die den milchjungen Knaben sieht, ihr ginge seine Frage entgegen. Da stehen sie: er, der Milchbart, der große, verliebte Junge, der unwissende noch, der mit dem Erschrecken, das nicht weiß, wie ihm geschieht, der sich selbst, sein Herz anträgt, – nicht recht zu seinem Heil – und sie, Therese ... Die Ratsherrn in der Stadt und die Weisen der Welt, die reputierlichen Herren, die es alle zu etwas gebracht und ihren Kompromiß mit dem Leben geschlossen habe, die könnten vor dem wunderbar ungeteilten Zumerstenmal dieses Knabenherzens nur eben verstummen. Aber sie, Therese, der diese Flamme steil und scheu entgegenschlägt, sie, die wohl ahnt, wie jäh aus dem Spiel Ernst werden kann, – was soll sie dem hübschen Burschen nun sagen? Etwas Begütigendes, etwas Gutmütiges, etwas Gutmütig-Spöttisches – von dem allem etwas, und das kann so eine Therese, und wäre sie kaum älter als der milchjunge Knabe selbst, in einer Handbewegung sagen, – und warum nicht auch in einem Wort? – »da halte dein Ohr dran«.

Carl Ludwig Schleich hat Gottfried Keller über dieses Gedicht und seine Vertonung durch Johannes Brahms befragt: ob er, Keller, die Vertonung kenne, fragte Schleich. Und Keller: ja, er kenne sie, aber er könne sie nicht hören, er müsse dabei zu schwer weinen. Nun war Gottfried Keller kein Mensch der Sentimente, so hat dieses Geständnis großes Gewicht. Sehr viel von diesem Gedicht – so muß man wohl diese Antwort deuten – ist Selbstbekenntnis. Da steht er selber, vor den Türen immer, und die anderen treten ein. »Grüezi, Herr Staatsschreiber«, sagen die Ratsherren, und »Mein Kompliment«, sagen die Professoren, und – gehen ihres Weges. Und die Damen, denen der nur scheinbar Ruppige, in Wahrheit so tief Versehrbare, sein Herz antrug, schreiben ihre Absagebriefe, sehr schöne Briefe gewiß, aber gehen sie nicht doch aus der Melodie: »Ein leeres Schneckhäusel, schau, liegt dort im Gras –«?

Und dann bleibt ihm, da er denn nicht eintritt durch die Tür des Bürgerglücks, das Draußen, und dieses Draußen ist nicht geringen Ranges. Draußen: da ist der Wein, den er geliebt hat als den großen Traumzauberer; da ist das Werk, in dem Lachen und Weinen beisammen sind, Staunen und Spott, Lächeln, Liebe und Mannesernst. Und da ist das eigene Herz. Sie seien beisammen im Werk: das Lachen und das Weinen, das Staunen und der Spott – wie: wenn sie auch in diesem Gedicht vom milchjungen Knaben beisammen wären? Wenn zuletzt die beiden Deutungen, die hier versucht wurden, ineinander übergingen? Die »stille Grundtrauer« – der Ausdruck stammt von Keller – paßt zu beiden; zu dem Knaben, dem nicht die große, sondern nur eben die kleine Welt verheißen wird, die Meermuschel nur, nicht das Meer – und zu dem verliebten Gesellen, zu dem reinen Toren, dem König ohne Land. Und ist nicht vielleicht diese stille Grundtrauer eine Gefährtin der stillen Grundglückseligkeit, ihre ernste Schwester nur? Und es wäre dies der Zauber des Gedichts, daß wir so genau nicht wissen, wo wir mit ihm dran sind, wie wir ja auch dem Nachtwind, der da zieht, nur von ungefähr nachhorchen können und ins Ungefähre hinaus. Es ist freilich deshalb doch kein Fragment, das Gedicht vom milchjungen Knaben, es ist ein fertiges, es ist, meine ich, ein vollkommenes Gedicht, aber es ist eines von denen, die nicht Prunkstücken gleich an ihrer eigenen Schönheit sich genügen lassen, die vielmehr ausgehen auf ein Gegenüber, in dem sie sich vollenden: und dieses Gegenüber ist unser Herz.

FRANZ WERFEL

Als mich dein Wandeln an den Tod verzückte

Als mich dein Dasein tränenwärts entrückte,
Und ich durch dich ins Unermeßne schwärmte,
Erlebten diesen Tag nicht Abgehärmte,
Mühselig Millionen Unterdrückte?

Als mich dein Wandeln an den Tod verzückte,
War Arbeit um uns, und die Erde lärmte,
Und Leere gab es, gottlos unerwärmte,
Es lebten und es starben Niebeglückte!

Da ich von dir geschwellt war zum Entschweben,
So viele waren, die im Dumpfen stampften,
An Pulten schrumpften und vor Kesseln dampften.

Ihr Keuchenden auf Straßen und auf Flüssen!
Gibt es ein Gleichgewicht in Welt und Leben,
Wie werd ich diese Schuld bezahlen müssen!?

Es gibt eine Frage, die – in rechtgemessener Höhe und Freiheit gefragt – jedes Gedicht über sich ertragen muß, und wir wollen sie sogleich über diesem Gedicht aufrichten. Die Frage lautet: Ist das *wahr,* was da steht? So wollen wir fragen. Und wie werden wir antworten? Wir werden antworten: ja, so ist es.
Ein Dichter ist kein Prophet – wofern wir streng und genau vom Propheten denken –, aber es ist etwas in ihm, was das Kommende ahnt, und mitunter ist ja im Vorgefühl mehr von der Wahrheit künftiger Wirklichkeiten enthalten, als je in ein zeitgenössisches Zeugnis einzugehen vermag. Das Gedicht ist 1911 oder 1912 geschrieben, vor unausdenklich langer Zeit also, wenn Jahre gewogen und nicht nur gezählt werden

sollen. Und doch: das, was wir – in einer etwas gewagten Vereinfachung – das Lebensgefühl *unsrer* Zeit heißen möchten, das lebt, bebt in diesem Gedicht, dem Gedicht eines einundzwanzigjährigen Menschen.
Das Lebensgefühl unsrer Zeit – was sagen wir von ihm? Drei Erfahrungen stoßen zusammen. Einmal: die Erfahrung der Einsamkeit, der völligen Verlassenheit des einzelnen. Das ist nicht Eichendorffs schönes, starkes und wehes Gefühl (»Wird deines Ernsts Gewalt / Mich Einsamen erheben«), und auch nicht Mörikes Klage (»Laß, o Welt, o laß mich sein«) – es ist die Verlassenheit des alten Mädchens im Kleinstadtnachmittag, trivial, ohne Schmerz, ohne Lust, es ist die Verlassenheit der Spitalinsassen am Abend, wenn das Licht gelöscht ist. Mit dieser Verlassenheit aber streitet die wilde Sehnsucht nach Beisammensein. Nicht als Liebeskraft und Treuverspruch erscheint sie, sondern als Flucht. Flucht in die Bahnhofsvorhallen, in den Karneval, in die bittersüße Lust der Augenblicksbegegnung, Flucht in die eilige Täuschung: Hippodrom und Arena, Spielsaal und Bildergötzendienst. Das dritte Zeichen ist das Bewußtsein einer bis an die Wurzeln unsres Lebens gehenden Gespaltenheit. Immer ist das eine da und wahr, und das andere auch. Das andere aber ist nicht das Geschwisterliche, sondern das Völlig-Entgegengesetzte. Immer tönt Mozarts Sternmusik durch den Äther, und ein kleines Kästchen vermag sie aufzufangen, immer aber auch sind die Gesänge des Hasses unterwegs: irgendwoher, irgendwohin. Wir flanieren in unsren Frühjahrskostümen über den Marktplatz, und in Ostasien verbrennen sie in ihren Panzern, wir umarmen einander und sind – im nämlichen Augenblick – wir, die Umarmend-Umarmten, einander überdrüssig. So ist es, und wir wissen, daß es so ist. Und dieses Wissen nun ist auch in Werfels Gedicht. Aber wunderlicherweise, unbegreiflicherweise, herrlicherweise hat die Last dieses Wissens, die Bitterkeit dieser Erkenntnis unsern Dichter nicht überwältigt und nicht gelähmt. Hätte sie ihn gelähmt, so hätte er verstummen müssen. Es ist, als habe sich die gallenbittere Essenz dieser Erkenntnis verteilt, verflüchtigt schon im Raum des Schweigens, der dieses Gedicht umgibt, wie ja jedes wirkliche Gedicht von einem Raum des Schweigens umgeben ist, einem Bereich unhörbarer Musik. In dem

Augenblick aber, da das Wort beginnt, beginnt auch schon die Weisheit, die als ein Feuer aus dem dunklen Gestein des Wissens geschlagen wurde, beginnt die Süßigkeit, die herbe Süßigkeit, die einer aus bitteren Erkenntnissen zu keltern vermochte.

Das Gedicht ist ein Gedicht der Erinnerung, einer Hundertfalt der Erinnerungen. Der Liebende gedenkt.

»Als mich dein Dasein tränenwärts entrückte« – Was war denn? Vielleicht war das Ärmlichste nur: eine Mietsstube irgendwo, ein regnerischer Nachmittag, vielleicht eine Landschaft auch, irgendeine, nicht wichtig welche, wichtig nur, ein Mensch war da, ein Gegenüber, ein geliebter Mensch. Nicht irgendeiner, sondern ein Du. Denn nur das Vertrauen kennt das Wort, und nur das Wort löst die Tränen. Weinen können, das heißt: eine Geschichte haben, ein eigenes Los haben, heißt: eine Person sein. Nicht mehr im Mahlstrom der Tausendmaltausend dahinziehen, nicht mehr Mikrobe, nicht mehr Termite sein, sondern Mensch.

»Und ich durch dich ins Unermeßne schwärmte«: da sind die Länder, die unermeßlichen, die erreicht, die erobert werden in einer einzigen Stunde. Da die Erfahrungen vom anderen Leben: geliebter Leib, Atem und Haut, Haar, Ohrmuschel und Augengrund, Stirn, Brust und Schoß, da die Tiefe der tiefsten Versenkung, und auftauchend aus ihr die Bereitschaft zu neuer Reise: dein Leben will ich wissen, alle deine Jahre, die Gedanken hinter deiner Stirn und das Lächeln in deinem Blick.

»Als mich dein Wandeln an den Tod verzückte« –. An den Tod? Ja; wenn es gelten soll, daß der Absprung vom höchsten Gipfel aus geschehen muß, dann müßte jetzt, – so sagen die Liebenden – jetzt der Tod kommen: denn welche Steigerung könnte es noch geben über dieses Glück und diese Stunde hinaus?

Aber schon hat sich, schwarz und breit, ein anderes herzugedrängt. Ich freilich, ich schreibe *dies felix* in mein Buch, glücklicher Tag. Aber »Erlebten diesen Tag nicht Abgehärmte / Mühselig Millionen Unterdrückte?« Wohl sagen die Liebenden zueinander: wir sind auf der Insel, und die Zeit steht still. Aber sie irren. Die Zeit steht nicht still, und auch auf der Insel sind sie nicht. Im Ausgedinge keift die alte Frau, gestern und heute, und die Langverlaßne preßt ihre ungeliebten Lippen zusammen, hart wie immer. Tüten werden geklebt im Zuchthaus der Welt, und heißer Lederdampf verschlägt den Arbeiterinnen den Atem.

Mitteninne aber, noch einmal und noch einmal: »Da ich von dir geschwellt war zum Entschweben« – Entschweben: abtun dürfen den Reif um das Herz, von dem das Märchen spricht, spüren, wie er springt; wie er zurückbleibt endlich, der Geist der Schwere. Nur: die dunklen Begleiter sind unerbittlich und treu: »So viele waren, die im Dumpfen stampften, / An Pulten schrumpften und vor Kesseln dampften.« Sieht man sie? Mehr: sie sind da, fahl und leibhaftig, und die pf-Laute sind wie das unmutige Gekeuche im Dunkelrußigen, sie sind Lokomotivenschnauben und schwerer, müder Schritt, Ächzen am Fließband und mattes Seufzen im düsteren Kontor.

»Ihr Keuchenden auf Straßen und auf Flüssen« –: da scheint es nun zuletzt sich doch noch zu öffnen, das dunkle Dickicht des Lebens. Weiten und Wanderungen, so scheint es, tun sich auf, aber in Wahrheit ändert und öffnet sich nichts: auch die lustige Donauschiffahrt lebt vom Opfer, dunkel ist des Heizers Revier; und den wir da so leichthin am Ufer grüßen, auch er trägt schwere Last.

Und nun stürzt unversehens, mit Felsblockgewalt, die Frage herein, und sie wirft sich in die Waagschale; nicht in die, die schwer ist vom Liebesglück: »Gibt es ein Gleichgewicht in Welt und Leben, / Wie werd ich diese Schuld bezahlen müssen?« Gibt es? fragt er erschrocken. Das wirst du nicht erfahren. »Wie werde ich diese Schuld bezahlen?« Du wirst sie nicht bezahlen können; Unzähliges, Unzahlbares wirst du schuldig bleiben bis an den letzten Tag. Aber dies eine gilt: weil du fragst, weil du Glück als Schuld verstehst, als unendliche, nicht abzutragende Schuld, darum, und darum allein bist du dein Glück wert. Die Todsünde heißt immer: Trägheit des Herzens. Wer aus ihr aufgestanden ist, der ist zum Leben erweckt.

War es dies, dies erregende Ineinander von Trunkenheit und Nüchternheit, von tiefem Traum und tieferem Erwachtsein, was einen so wählerischen Geist wie den Dichter Rilke damals beim Erscheinen dieser Gedichte betroffen machte, ja hinriß? »In den Weißen Blättern«, so schrieb er an seinen Verleger, »stehen wieder ein paar herrliche Gedichte Werfels. Ich bin wieder ganz, wo ich im Sommer war, und gehe für ihn durch alle Feuer.«

Wir, die Menschen von heute, sind weit entfernt von diesen frühen Erfahrungen mit Werfels Gedichten. Aber gerade aus dieser weiten Entfernung können wir die Gewalt des Ereignisses nachempfinden: wie da mitten in die guten Stuben jener sagenhaften Vorkriegszeit streng und groß das Antlitz der Niebeglückten blickt. Und das andere auch: wie es die Kraft eines wirklichen Dichters sein mußte, die der Versuchung widerstand, ein soziales Manifest zu schreiben. Die Manifeste verwehen, Werfels Gedicht ist nicht verweht.

Freilich ließe sich einGespräch über dieses Gedicht denken, in dem ein Partner mitteilte, daß es eigentlich doch die oratorische Qualität sei, kraft welcher Werfels Strophen diese große Wirkung tun; oratorische Qualität aber sei noch lange nicht die Kraft der Verwandlung, in der dem Dichter eine wahre Chiffre glückt. Jugendliches Pathos und erhitzte Phantasie – dergleichen sei eben dem Manifest günstig, nicht dem Gedicht; und überdies: warum sollten Manifeste nicht auch in Gestalt eines Sonetts einhergehen?

Darauf könnte man entgegnen, daß es einen Grad des persönlichen Betroffenseins gebe, der es bewirke, daß – jenseits der Sphäre des rednerischen Selbstgenusses – Dichtung entstehe, Dichtung als Zeugnis, als die Bezeugung der Wahrheit. Einigkeit aber – diese Erfahrung wird sich an jedem Haltepunkt eines solchen Gesprächs einstellen –, Einigkeit über den Rang eines Gedichts wird nicht erreicht, und das Zeugnis jedes Lesers bleibt anfechtbar, ja ungeschützt bis zuletzt.

So daß auch diese Deutung nur persönlich geschlossen werden kann: als Ende August 1945 die Nachricht vom Tode Franz Werfels zu uns kam und die Begleitumstände dieses Todes bekannt wurden – daß es die Ausgabe seiner Gedichte gewesen war, die ihn in der allerletzten Stunde beschäftigt hatte –, da war es sogleich dies Gedicht, das mir vor die Seele trat, und ich weiß mehr als einen Menschen, dem es ebenso ergangen ist.

Was für ein helldunkles Gebilde ist dieses Sonett, und wie legt es sich über die Seele, einem engmaschigen Netz zu vergleichen. Wie ernst und wie innig fragen wir durch diese Strophen hindurch nach geliebter Nähe, und näher auch gehen uns die Keuchenden an. Ich weiß kein Schlüsselwort für dieses Gedicht. Ich weiß nur, daß ich es nie vergessen werde.

CHRISTIAN MORGENSTERN

Der Gaul

Es läutet beim Professor Stein,
Die Köchin rupft die Hühner.
Die Minna geht: Wer kann das sein? –
Ein Gaul steht vor der Türe.

Die Minna wirft die Türe zu.
Die Köchin kommt: Was gibt's denn?
Das Fräulein kommt im Morgenschuh,
Es kommt die ganze Familie.

»Ich bin, verzeihn Sie«, spricht der Gaul,
»Der Gaul vom Tischler Bartels.
Ich brachte ihnen dazumaul
Die Tür- und Fensterrahmen.«

Die vierzehn Leute samt dem Mops,
Sie stehn, als ob sie träumten.
Das kleinste Kind tut einen Hops,
Die andern stehn wie Bäume.

Der Gaul, da keiner ihn versteht,
Schnalzt bloß mal mit der Zunge,
Dann kehrt er still sich ab und geht
Die Treppe wieder hinunter.

Die dreizehn schaun auf ihren Herrn,
Ob er nicht sprechen möchte.
»Das war«, spricht der Professor Stein,
»Ein unerhörtes Erlebnis!«

ner und neben ihm in unsrer Zeit, wie wenn hier einiges nachzuholen wäre, eine ganze Anzahl treffsicherer Poeten dieser Gattung bis hin zu Peter Paul Althaus, und – es gibt Christian Morgenstern.

Welchen Morgenstern meinen Sie? fragt man da wohl. Ich kenne den feierlichen Dichter, der ›Ich und Du‹ geschrieben hat und ›Wir fanden einen Pfad‹, und ich kenne einen unfeierlichen Morgenstern, den Autor der ›Palmström‹-Verse, der ›Palma-Kunkel‹-Gesänge und des ›Gingganz‹. Aber diese Frage: welchen Morgenstern meinen Sie? ist falsch; denn diese beiden sind so sehr eins, daß man keine Mühe zu haben braucht, sich vorzustellen, wie sie neben- und miteinander entstehen konnten, die gestirnten Mahnworte und die Poeme über Herrn von Korf. Ruhm und Öffentlichkeitswirkung ist dem ernsten und dem heiteren Morgenstern zuteil geworden; von einer ganzen Anzahl seiner vergnügten Stücke darf man sagen, sie seien in aller Leute Mund, und das gilt in erster Linie für die Gedichte mit den sententiös-brillanten Schlüssen, mit den nun fast schon klassisch zu nennenden Pointen (»Weil, so schließt er messerscharf, / Nicht sein kann, was nicht sein darf« oder: »Als Professor gilt erst ein Prophet«). Jeder hat hier seine privaten Lieblingszeilen, Elixiere alle aus der Apotheke für betrübte Gemüter. Neben diesen aber gibt es, weniger beachtet, Gedichte, deren Pointe darin besteht, keine Pointe zu haben, und zu diesen gehört die Mär von dem unverstandenen Gaul, dem Gaul vom Tischler Bartels.

Da haben wir nun gelernt – und Wilhelm Busch hat es uns hundertfach vordemonstriert, daß es im heiteren Gedicht durchaus auf den Treff ankommt, auf den Schuß ins Schwarze, auf den wohlvorbereiteten, mit Zündkraft wirksamen Zweizeiler am Schluß. Sehr wohl; nur daß ein wichtiger Unterschied besteht zwischen Busch und Morgenstern. Wilhelm Busch: das ist die Skepsis, ist – wenn man eine Weltanschauung dahinter sehen will – der Pessimismus. Die Lebensluft bei Busch ist durchaus nicht die der guten Laune, sondern die der Knurrlaune; ein freundlicher Schalk ist zur Stelle, aber ein unfreundlicher auch, und unversehens ist eine gehörige Dosis Pfeffer ins Gericht gestreut, der Canaille Mensch gehört es nicht besser. Morgenstern dagegen: das ist die Heiterkeit ohne Verneinung; von der Ironie gilt ihm nur die gelindere Form, von der Menschenverachtung – nichts. Seine Verse sind die Heiterkeit an sich, so wie gewisse Bilder des Malers Paul Klee nur eines sind: das Spielbild der Welt. Eben noch befindet man sich in der Nähe des Realen, so daß ein Kind noch als Kind erkennbar ist, ein Baum noch als Baum, eine Küste als Küste; schon aber ist die öde Wirklichkeit verlassen, und ein anderes Land wird erreicht.

Und so spielen sie nun auch hier, nach der Weise des Nietzschewortes, das einem der Bücher vorangestellt ist: »Im echten Manne ist ein Kind versteckt, das will spielen.« Spielen: Gaulsbesuch.

Es gilt, den kleinen Bilderbogen zu zeichnen, das Nacheinander von Bewegung und Ruhe. Hier: das Haus in seiner – sagen wir Dreiviertelneunuhr-Geschäftigkeit. Das Geläut der Klingel, die unbekümmert geöffnete, dann mit Hu! zugeworfene Türe; das halbgerupfte Huhn, das auf dem Küchentisch liegen bleibt, die Köchin, die sich ihre Hände an der Schürze abwischt, das Fräulein im Morgenschuh mit hochgezogenen Augenbrauen; Kinder, die aus allen Türen stürzen; die Gnädige selbst, von der eigens kein Wort gesagt ist – aber in einem guten Gedicht ist ja viel mehr anwesend, als das unmittelbar ausgesprochene Wort mitzuteilen vermag, die Fenster in einem Gedicht sind offene Fenster –; die Gnädige also, indigniert durchaus, und nun zu guter Letzt der Herr Professor, vom Studierzimmer kommend: Ja, was soll denn das alles? Aber das Wort will ihm nicht von den Lippen. Denn nun spricht der Gaul. Da steht seine wohlerzogene Anrede, seine Vorstellung, sein gutmütig hergekauter Reim »dazumaul«: vor Jahr und Tag war hier sein Weg gewesen, nun hat er ihn, seinem Gaulgedächtnis folgend, wiederholt. Dritter Akt: alles erstarrt, und man muß dem kleinsten Kind für seinen Hops geradezu dankbar sein. Der Hops ist menschlich, während »die andern stehn wie Bäume ...« Es folgt der betrübte Zungenschnalz der unverstandenen Kreatur, ihr schlichter Abgang, und endlich das akademische Fazit, das der Professor zieht, weil man dergleichen von ihm erwartet, wofür ist er Professor! Es ist, man muß es sagen, ein tiefsinniges Fazit. »Das war«, spricht der Professor Stein, »ein unerhörtes Erlebnis.«

Dies die Mär. Und in was für Versen wird sie dargereicht; was für Reime vor allem gibt es da zu lesen! Jeder liebende

Jüngling hat gelernt, daß in einer vierzeiligen Strophe Zeile eins und drei sich reimen können, Zeile zwei und vier dagegen – oder etwa auch Zeile eins und vier – sich reimen müssen. Was tut Morgenstern? Er reimt Zeile eins und drei gehorsam, wie's im Buche steht, in den ersten fünf Strophen des Gedichts wenigstens tut er's, bei Zeile zwei und vier dagegen läßt er's bei Anklängen bewenden, von denen man nur sagen kann: wenn das Reime sind, will ich Darpetutto heißen. »Hühner« auf »Türe«, »Bartels« auf »Rahmen«, »Zunge« auf »hinunter«. In der letzten Strophe dann geht alles drunter und drüber; es ist, wie wenn die ganze Knüpfarbeit mutwillig unvernäht gelassen wird, damit sie gewiß sich auflösen muß.

Was soll aber nun – so fragt einer – das Ganze? Man soll ein Gedicht nicht nach seinem Sinn fragen, wenigstens nicht unbedacht; ein wenig Wahnsinn ist immer ins Gedicht eingewoben. Ob diese Morgensterniaden etwas wollen? Nein, sie wollen gar nichts. Ob sie etwas bewirken? O ja, und zwar eben dadurch, daß sie so gar nichts wollen. Seht – sagen sie – da ist, ziemlich nahe noch bei unsrer Bürger- und Aufsichtsratssitzungswelt eine Purzelbaum- und Purzeltraumwelt, und wer in sie hinausgehen kann, der kehrt erfrischten Sinnes in die alte, sogenannte Wirklichkeit zurück.

Einer, der so schwer am Leben getragen hat wie Mörike, hat in den berühmten ›Wispeliaden‹ lange vor Morgenstern morgensternisch gespielt, und die ganze Romantik, vorab Brentano und E. T. A. Hoffmann, haben ihre Arbeit und ihr wunderliches Leben doch wohl nur so ertragen, daß sie diese Kinderspielzeugwelt um sich wußten, eine Welt, die ihnen etwas sagte von der Grenze der grausamen Wirklichkeit. Der Platz dieser Verse ist – mit Morgenstern selbst zu sprechen – der »Lugaus der Phantasie ins Rings«. Denn: »im Rings befindet sich noch viel Stummes«. Wem das aber unverständlich sein sollte, der lasse sich – in der unvergleichlichen Vorrede zu den ›Galgenliedern‹ – von dem närrischen Sohn des närrischen Hauses, dem Doppelgänger, dem seligen Lic. Dr. Jeremias Müller belehren. Der entdeckt in diesen Versen den »Ausdruck einer ganz bestimmten und im weitesten Verfolg excösen Weltauffasserraumwortkindundkunstanschauung«. Und das wird man ja dann wohl verstehen.

Dem Sprachlosen Mund zu sein, das Schwere ins Wort hinein zu befreien – darum ging es dem Morgenstern der ernsten Gedichte, und dem Freunde Palmströms geht es nicht weniger darum. Und so spricht denn auch der Gaul vom Tischler Bartels, und es spricht der Professor Stein; und wenn sie auch noch nicht miteinander sprechen, wenn sie sich im Hier und Nun noch verfehlen, so deutet sich's doch an, daß in jenem Gedicht, das hinter dem Gedicht liegt, sie endlich sich erreichen, und alle die Morgensterntiere, das Mondschaf und der Steinochs, das Nasobem und die Auftakteule sind gratulierend zur Stelle.

GOETHE

Um Mitternacht

Um Mitternacht ging ich, nicht eben gerne,
Klein, kleiner Knabe, jenen Kirchhof hin
Zu Vaters Haus, des Pfarrers; Stern am Sterne,
Sie leuchteten doch alle gar zu schön;
Um Mitternacht.

Wenn ich dann ferner in des Lebens Weite
Zur Liebsten mußte, mußte, weil sie zog,
Gestirn und Nordschein über mir im Streite,
Ich gehend, kommend Seligkeiten sog;
Um Mitternacht.

Bis dann zuletzt des vollen Mondes Helle
So klar und deutlich mir ins Finstre drang,
Auch der Gedanke willig, sinnig, schnelle
Sich ums Vergangne wie ums Künftige schlang;
Um Mitternacht.

Fragte mich einer, was das sei: Dichtung aus erster Hand – so wollte ich statt aller hübschen und doch unzulänglichen Grunderklärungen erwidern: »klein, kleiner Knabe«: diese Wendung aus Goethes Mitternachtslied – das ist Dichtung aus erster Hand. Wie da durch einen kurzen, nur so im Erzählton vorgetragenen Satz eine ganze Situation deutlich sichtbar, hörbar, greifbar geworden ist: dieses Nachtdunkel in der alten Stadt, in Frankfurt etwa, oder auch auf einem Dorf, da noch einsamer Kirche, Kirchhof und Pfarrhaus beisammen liegen – ein Seitenweg ist da, den die Furchtsamen im Dorf schon kaum bei Tag, geschweige im Abenddunkel zu gehen wagen, gar nicht zu denken daran, daß einer dort in der Geisterstunde auch nur einen Schritt tun möchte; alle Kreuze gleichen weißen Totenfingern, und das dunkle Windrauschen der Bäume kann nichts anderes bedeuten als Geflüster der Abgeschiedenen ... und doch geht da einer, einer, der dem Knaben aus ›Dichtung und Wahrheit‹ gleicht und ihm auch wieder nicht gleicht – mutig und trotzig und furchtsam in einem, und nichts ist von ihm gesagt als dies halblächelnd, halbzärtlich wiederholende, und – den Spielen und Scherzen unsrer Sprache gemäß – unversehens steigernde »klein, kleiner Knabe«: dies wenige, und doch in dem wenigen ein Funkenfall von Kindheitsbangnis und von Kindheitsglück tief innen in der innersten Bangnis ... »Klein, kleiner Knabe«: das ist – so würde ich sagen – jenseits von allem klugen und kunstverständigen Prüfen und Üben, Ordnen und Verwerfen – Dichtung, reines Geschenk, freie Gnade, Ton des Orpheus.

Man weiß, daß Goethe selbst dieses Gedicht besonders lieb gehabt hat. Es gibt einen Brief von ihm an Zelter, den Komponisten des Liedes, in dem es heißt: »In diesen Tagen hast du mir eine große Wohltat erzeigt, denn das mitternächtige Lied ist mir gar gehörig und freundlich vorgetragen worden von einem weiblichen, zarten Wesen, so daß es nur der letzten Strophe etwas an Energie fehlte. Da hast du nun einmal wieder deine Liebe und Neigung zu mir recht redlich und tüchtig abgestempelt. Mein schwer zu bewegender Sohn war außer sich, und ich fürchte, er bittet dich aus Dankbarkeit zu Gevatter.«

Das wurde anno 1818 geschrieben, und beide, Text und Komposition, sind noch ganz neu. Es ist die Zeit des Abschieds vom ›Westöstlichen Divan‹; unser Gedicht hat nicht unter den ›Divan‹-Gedichten seinen Platz, nur von ferne gehört es diesem Lebens- und Liebeskreis zu. Zeit des Abschieds ist es überhaupt: Christiane ist nicht mehr da, die Theaterleitung ist abgegeben, Lotte, die berühmte Werther-Lotte, hat Besuch gemacht und dabei einen alten Mann getroffen, ja selbst Marianne-Suleika ist fern. Wohl droht ihr Hafis-Goethe mit dem Finger: »Du! Schweige künftig nicht so lange –«, aber man weiß es nicht so genau, ob ihm nicht doch dieses Schweigen nach dem Herzen war. Verkleidungen und Mystifikationen jedenfalls werden zurückgelassen, einige Vorhänge zieht das Leben selbst zu und im stilleren

Gemach sitzt der alte Zauberer; Zauberer immer noch, denn immer noch und bis zuletzt konnte die Zauberlust ihn anwandeln, den Gesang zu wagen, das Lied, den Spruch, den Reim, die Elegie endlich, die große, von Wiedersehen und letztem Abschied – in Marienbad.

Das mitternächtige Lied – um Goethes eigene Bezeichnung hier aufzunehmen (wirklich: Lied, mit der dreimal wiederkehrenden Kadenz »Um Mitternacht«) – gehört nicht zu den Gedichten Goethes, die sogleich in Bewußtsein und Gedächtnis des Hörers haften, auch nicht wie das noch später entstandene »Dämmrung senkte sich von oben« zu den großen, kreisenden und freischwebenden Planeten dieses Sonnensystems, es ist – in der Anlage zumindest – etwas Gedämpftes, etwas von Selbstgespräch und Tagebuch in ihm, und gerade darin ist es dann doch den ›Divan‹-Gedichten verwandt.

»Um Mitternacht ging ich, nicht eben gerne / Klein, kleiner Knabe –«: das ist, wie wenn ein alter Mann in Schächten der Erinnerung sucht und findet. Wer ist dieses Ich? Er selbst, Wolfgang, der Knabe, Frau Ajas Sohn – oder ist's ein anderer? Ein anderer ist's gewiß; denn einer, der so viele Leben gelebt hat, der ist, dem Siebzigsten nah, schon lang nicht mehr der, der da ging »zu Vaters Haus, des Pfarrers ...« Oder sagen wir: nein, er selbst ist's; denn was heißt Dichter sein wenn nicht dies: in vielen Leben zu Gast sein, in vieler Leben mitleben, als wär's das eigene Leben, sie heißen Merck oder Riese oder Plessing, und Plessing, man erinnert sich, das war nun ein Pfarrerssohn, der hypochondrische Pfarrerssohn aus der ›Harzreise im Winter‹. Wer ist dieses Ich, noch einmal? Immer beide zugleich sind's, das wird die Wahrheit sein, immer er selbst und immer ein anderer. Das fließt und wechselt wohl, das Knabenbild vor seinem inneren Blick; unwandelbar aber bleibt das große Sternengewölb über der Knabennacht: »Stern am Sterne / Sie leuchteten doch alle gar zu schön –«. Sieht er die Konstellation noch, die von einst? Wo steht Arktur, wo der rötliche Aldebaran? Ist Winter- und Siriuszeit? Wo kreisen Schwan und Leier? Er tastet sich durch die Zeit, und er tastet sich durch den Raum, wie probend; stockend in einer fast schüchternen Syntax, immer wie aus tiefem Schweigen halb nur erwachend, wie aus heiliger

Versunkenheit ins Bewußtsein zurückkehrend – und so fügen sich die Worte: »Stern am Sterne« – »gar zu schön« – »um Mitternacht –«.
Dann ist Pause. Jahre und Jahre versinken, es versinkt viel dumpfe Zeit. Man weiß, wieviel Abschied zu Goethes Sternweg gehört hat, wieviel Entwürfe, Tagebücher und Briefe im Feuer verzehrt werden mußten. Aber dann, mit eins, sieht er sich von neuem, sich, den Gewandelten, und nun ist er's gewisser als zuvor, er selbst: – »Wenn ich dann ferner in des Lebens Weite.« Es hatte sich aufgetan, das Stadttor, und der Atembezirk rings war weit geworden. Sesenheim, Kochberg und Rom, Karlsbad und die Terrasse von Heidelberg – und die Knabenbangnis war eingetauscht gegen die tiefere Bangnis der Liebe. Bangnis? Ja, Bangnis immer, wenn dieses andere, die dunkle Liebesübermacht sich des Mannes zu bemächtigen hatte, der »Alles um Liebe« sein Siegelwort nannte. Nicht mit dem Zufälligen nur, mit Spiel und Spielseligkeit ist sie gepaart, die Liebe, sondern – und tiefer noch – mit Ananke, mit der Notwendigkeit: »Zur Liebsten mußte, mußte, weil sie zog.« Da ist die Zäsur, die geisterhafte Paßhöhe dieses Gedichts, und es stockt der Herzschlag. Der Herzschlag Goethes und anders nicht der Herzschlag der Nachhorchenden. »Mußte, mußte«. Es ist ein großes Herz in Bewegung. Nicht wenig Kraft ist da, die sich zu Dienst und Opfer auftut und zum Kampf auch sich stellt. Es ist die Kraft, Leben anzunehmen, Starres zu lösen, Chaotisches zu ordnen, Schwarzgründiges ans Licht zu heben, Versehrtem wohlzutun; zu kommen im rechten Augenblick und zu gehen auch, innerstem Auftrag gehorsam, ein Wanderer von Anbeginn und Wanderer bis an den Tod: »Gestirn und Nordschein über mir im Streite / Ich gehend, kommend...« Unter dem bewegten Nachthimmel, Widerspiel eines vielbewegten Herzens, sieht man den Fahrenden, den Dichter Goethe mit seinem dunkelmächtigen Geschau, mit seiner Wetter-Wolken- und Sternenkunde, mit seiner tiefen Geborgenheit im Kreatürlich-Dauernden; und die Erinnerung an jenes höchst wunderbare Nordlicht, das er vor einem Menschenalter einmal zu Gesicht bekommen hatte, leuchtet auf. Immer waren es Granit und Gneis, Pflanzenwesen und Himmelsfärbung, die ihn beschäftigen konnten, wenn es galt, einer

schweren inneren Erschütterung Herr zu werden, und so blickt er denn, anders noch als der »klein, kleine Knabe« zum Nächtlich-Ruhlosen, zum Himmlisch-Kreisenden hinauf.
»Bis dann zuletzt –«: das ist die Gegenwart. Der alte Mann, der Raunende, kehrt zurück. Waren das Jahre und Jahrzehnte, die er im offenen Fenster liegend, zugebracht hat, oder war das eine Stunde nur, die Stunde des aufsteigenden Vollmonds? Nun, es war, die historische Wahrheit zu sagen, nicht mehr als eine kleine Summe von erfüllten Augenblikken. »Man lasse mich bekennen« – so Goethes Notiz an verborgener Stelle –, »daß ich mit dem Schlag Mitternacht, im hellsten Vollmond aus guter mäßig-aufgeregter, geistreich-anmutiger Gesellschaft zurückkehrend, das Gedicht aus dem Stegreif niederschrieb, ohne auch nur früher eine Ahnung davon gehabt zu haben.«
Der hellste Vollmond aber, der ihm das Blatt bescheint, das ist der Vollmond nicht mehr aus der Sommernacht des ›Westöstlichen Divans‹, und sein Licht ist auch nicht mehr jenes nebeldurchglänzende Licht, das ihm einst über dem Tal der Ilm begegnet war; es ist ein fernes und strenges Geisterlicht, das jetzt regiert, eines, zu dem die Signete »klar und deutlich« gehören; und »klar und deutlich«, voll Festigkeit und Kraft, ist fast unvermittelt die ganze Sphäre der letzten Strophe. Was aber nun jedes Gedicht eines geringeren Dichters abgleiten ließe, der Übergang nämlich aus dem Reich der Bilder ins Rein-Besonnene, das bringt diesem Gedicht eine gewaltige Steigerung zu: »Auch der Gedanke willig, sinnig, schnelle /Sich ums Vergangne wie ums Künftige schlang –«. Noch wird das innere Auge von Zukunftsahnungen berührt, neuer Erschütterungen gewärtig, neuer Rätsel, neuer Seligkeiten, »gehend, kommend«, aber der innerste Sinn kreist, ein Riesenvogel der Nacht, könglich und frei, Bereichen vertraut, aus welchen ihn weder die Erinnerung an Knabenängste noch die Blitze des Eros vertreiben. Nicht nur Zeiten werden in diesem Gedicht durchmessen: ehegestern, gestern, heute und morgen, – auch Räume werden durchschritten: vom Noch-nicht-Persönlichen zum Ganz-Persönlichen, vom Persönlichen zum Überpersönlichen, – vom dumpfen Knabensinn zum liebeskräftigen Mannesherzen, und von da bis hin zur Klarheit des Weisen: eine *Treppe* hinauf kann man das wohl

nicht gut heißen, was in diesen drei Strophen sich auftut, es sei denn, man messe mit Jupiters Maß.
Von einem Januarsonntag des Jahres 1827 berichtet Eckermann: zu musikalischer Abendunterhaltung sei die Familie Eberwein bei Goethe gewesen. Der Alte habe sich zunächst zu dem Quartett eines berühmten jungen Komponisten geäußert; erheitert lesen wir seine Versicherung, daß er die moderne Musik nicht verstehe, es bleibe ihm alles in den Ohren hängen. Später, so heißt es in dem Bericht, sang Madame Eberwein das Mitternachtslied, und es machte den tiefsten Eindruck. »Das Lied bleibt schön«, sagte Goethe, »so oft man es auch hört. Es hat in der Melodie etwas Ewiges, Unverwüstliches.« Danach kamen ›Divan‹-Gedichte an die Reihe, auch sie von Frau Eberwein gesungen, und zuletzt, als die Gesellschaft sich empfohlen hatte, gestand Goethe seinem späten Gast: »Die Lieder des ›Divan‹ haben kein Verhältnis mehr zu mir, das Orientalische darin und das Leidenschaftliche hat aufgehört, in mir fortzuleben. Es ist wie eine abgestreifte Schlangenhaut am Wege liegen geblieben. Dagegen das Lied ›Um Mitternacht‹ hat sein Verhältnis zu mir nicht verloren, es ist von mir noch ein lebendiger Teil und lebt mit mir fort.«
Unwillkürlich trachtet der nachgestaltende Sinn an dieser Stelle nach leibhaftiger Vorstellung. Da sitzen die guten Eberweins an ihren Instrumenten, und daneben haben die geladenen Gäste Platz genommen, ein Prälat und ein Arzt, der eifrige Eckermann und einige Damen. Und er selbst: bedenkt man die Jahreszahl, 1827 also, so möchte einem die Kreidezeichnung von Sebbers in den Sinn kommen, die ihn im Profil wiedergibt. Ein großer, tiefernster Blick, Falten in der Stirn, ein alter, sehr schmaler Mund, weich und rund das Kinn. Da sitzen sie und haben ihre Erfrischungen vor sich, und dann ist das Mitternachtslied im Zimmer. Wie er unter ihnen weilt und wie er zuhört, das mögen wir uns wohl vorstellen: aber wie in Wahrheit dieses Gedicht in ihm lebendig ist, welche Zeiten und Erinnerungen niederstürzen, während Madame singt, – das denken wir nicht zu Ende. Wie sollten wir auch zu Ende denken, was doch ohne Ende ist: Wunder des Lebens, des Lichtes und der Finsternis, Farbe und Duft, Flamme und Wandlung, Gebilde ganz des lebenschaffenden Geistes.

Volkslied

Es geht eine dunkle Wolk' herein

Es geht eine dunkle Wolk' herein,
Mich deucht, es wird ein Regen sein,
Ein Regen aus der Wolke
Wohl in das grüne Gras.

Und kommst du, liebe Sonn', nit bald,
So weset all's im grünen Wald,
Und all die müden Blumen,
Die haben müden Tod.

Es geht eine dunkle Wolk' herein,
Es soll und muß geschieden sein;
Ade, Feinslieb, dein Scheiden
Macht mir das Herze schwer.

Mit erglühendem Gesicht, so berichtet Lou Andreas-Salomé, habe der junge Rilke, auf seiner Rußlandreise in einem der Wolgadörfer, den Kuß der Bäuerin im Abschied empfangen und das Wort dazu: »Auch du bist wohl nur Volk.« Man versteht, wie dieses »nur Volk« einen Mann treffen mußte, der darauf angelegt war, vom ›Stundenbuch‹ über die ›Neuen Gedichte‹ bis zu den ›Duineser Elegien‹ Bereichen anzugehören, die weiter als weit entfernt waren von einer Zeile wie dieser: »Es geht eine dunkle Wolk' herein«; wobei am Tage ist, daß einer, der im Prager Anfang schon begonnen hatte zu sagen: »Mich rührt so sehr / Böhmischen Volkes Weise«, die Sehnsucht nach dieser Liedgestalt unablässig in sich gekannt hat. Es ist eine wunderliche Konstellation: die dieses Volkslied anstimmen konnten, irgendwer, irgendwo, die würden ein Kunstgebild wie Rilkes ›Rosenschale‹ (um eines der vollkommensten zu nennen) kaum anders als mit verlegen-schweigendem Staunen aufgenommen haben, während umgekehrt der Dichter Rilke manche seiner Pretiosen drangegeben hätte für ein solches Lied. Denn, *daß* das Kluge und Beziehungsreiche, das Licht- und Schattenspielende, worin seine Meisterschaft funkelte, wohl anderen, aber gewiß *nicht* höheren Ranges war als das Faltenlos-Klare, das wußte dieser Dichter, der so vieles, der fast alles über das Gedicht gewußt hat, und dem es in der Wachheit des Wissens nicht gegeben war, zu vergessen und selbstvergessen zu singen. Flüchtige Leser unsres Lieds, die »einfach« und »harmlos« miteinander verwechseln, mögen Rilkes erglühendes Gesicht bedenken, seine Wachsamkeit dort, wo das Immerwährende Ereignis wurde »bei dem Seiler in Rom, bei dem Töpfer am Nil« – und in solchem Lied.

»Aus dem Dreißigjährigen Krieg«: das ist die einzige nähere Angabe, die uns über dieses Volkslied zugänglich geworden ist. Nicht bekannt ist die Landschaft, in der es zuerst gesungen wurde, und kein Dichtername wird genannt. Wird kein Dichtername genannt, so bedeutet das freilich nicht, daß wir gar nicht einen einzelnen als Verfasser uns denken sollen, sondern eine anonyme Sing- und Spielschar. Nun hat es solche Sing- und Spielscharen gewiß gegeben, und in unsern Volksliedsammlungen, vorab in ›Des Knaben Wunderhorn‹, wird man viele Strophen finden, die sich als Gemeinschaftsarbeit verstehen lassen, als Improvisation unter der Linde: Strophen voll unschuldig-kecker Reimlust, Fangnetzstrophen, da eine die andre nach sich zieht mit leichter, lässiger Hand, mit Anmut und Übermut. Unser Abschiedslied aber ist, wenn nicht alles trügt, das Werk eines einzelnen, ein großes Gedicht, das »Lied« genannt werden muß, weil es wohl gleich mit seiner Melodie zusammen ins Leben trat und nicht ohne seine Melodie zu denken ist.

»Aus dem Dreißigjährigen Krieg«. Diese Zeitbestimmung besagt nicht, daß das Lied eine Beziehung zum Krieg haben müßte; Abschiedslieder werden in Krieg und Frieden gesungen, zu jeder Zeit. Aber wer lange genug diesen drei Strophen nachhorcht, wird inne, daß dieser Eintrag mehr ist als Zeitangabe, daß er schon die Farbe des Himmels über diesem Gedicht bestimmt. Es ist ein dunkelfarbener, ein stählerner Himmel. Abschied: das ist hier nicht das zärtliche Lebewohl, das sich selbst und seine Tränen genießt. Es ist unerbittlich ernst mit diesem Abschied, es geht auf Leben und Tod; wer da ein Lied zu singen anhebt, dessen Wort prunkt nicht, dessen Melodie strömt nicht. Verhüllt und verhalten, nur unter verhangenem Himmel wagt er den ersten Ton: »Es geht eine dunkle Wolk' herein.«

»Es«: das ist die Schicksalsvokabel, das Fürwort der Notwendigkeit. »Es geht ... herein«: so regiert die gnadenlose Unabwendbarkeit, und alle: Land und Leben, Zeit und Geschichte, Jugend und Liebe, Heute und Morgen sind unter dem Schatten der Wolke. Viel mehr noch: es ist, als gäbe es nur die Wolke über der Welt – und außer ihr kein Leben.

Oder doch? »Mich deucht –«: da ist nun einer; da ist er, der Singende. Der Singende, die Singende? *Der* Singende doch wohl; leicht zu denken: ein Soldat, ein Rittersmann. Einer, der in diese verhangene Welt hinblickt, nicht mit der augengenauen Eilfertigkeit der Wetterbeobachtung, sondern wie geduckt unter die Gewalt geschehenden Geschehnisses: »Mich deucht, es wird ein Regen sein.« – »Es geht ... herein« – und »es wird sein ...«: es ist die Einfalt, und es ist der Gehorsam aus der Sprache der Bibel; zu beschönigen ist nichts und nichts laut zu beklagen.

»Ein Regen aus der Wolke«: nun sind sie beisammen und wie ineinanderverschränkt, die beiden Erfahrungen aus den ersten Zeilen. Und seltsam genug, da sie nun zum zweitenmal genannt wird, die Wolke, die dunkle, die regenträchtige, ist es, als sähe man ihre Kontur, ihren Anfang, ihr Ende. Sie bleibt, was sie ist: »dunkle Wolke«, aber sie ist nicht mehr der ganze Himmel. Es *gibt* wolkenlosen Himmelsstrich, es gibt Länder ohne Krieg, Länder, in denen nicht Abschied genommen werden muß, nicht *so* Abschied genommen werden muß. Hier freilich ist Krieg und Abschied, hier ist die Wolke, und hier ergießt sie sich »wohl in das grüne Gras«. – »Wohl«: dieses zuweilen nur wie ein Füllsel erscheinende Wort, hier hat es eigenes Gewicht: indem es die erste Silbe des vorausgehenden Wortes »Wolke« in sich selbst wiederholt und dehnt, hält es die Regenwolke auf, macht, daß sie breiter, schwerer, regenreicher nun noch, niedergeht »wohl in das grüne Gras«.

»Und kommst du, liebe Sonn', nit bald«, jetzt erst, in der

zweiten Strophe, wagt sich die Empfindung hervor. Große Furcht, Trauer, Wehmut, Klage. Sie ist wortarm und tief, diese Klage: »so weset all's im grünen Wald« – und doch will sich in dieser Strophe nun ein Schimmer der Hoffnung nicht ganz und gar auslöschen lassen; es sind die beiden o-Vokale aus der ersten Zeile in den Worten »Kommst« und »Sonn'«, aus denen diese zaghafte, diese kaum schon gläubige, dem Unglauben nur mühsam sich entwindende Zuversicht ans Licht will, die Zuversicht: daß es das geben könnte, was jeder sich ersehnt: daß der Krieg, der dunkel-furchtbare, den Schauplatz wechsle. Er ist wie die Wolke, er kann wandern, er kann – enden. *Kann* er enden? Sie wissen es kaum noch, was das ist, des Friedens »liebe Sonn'«. »Mutter, was ist der Fried? Schlägt der Fried uns tot?« haben die Kinder von 1648 gefragt, als man zu ihnen sagte: »Der Friede kommt.« Es ist Krieg noch immer – und kommt *jetzt* das Ende nicht, so hat's große Not. Für das blühende Leben, für die Liebenden, für Liebestag und Liebesnacht.

»Und all die müden Blumen / Die haben müden Tod.« Wie? Wie sollen sie eigentlich »müden Tod« haben von dem Regen, der doch der Blumen Leben ist? Hier wird offenbar, wie leicht und gelind, wie schwebend die Räume in einem solchen Gedicht ineinander übergehen. Eben noch konnte die Landschaft gemeint sein, nun ist es ganz und allein die Landschaft des Herzens: der diese fast hilflos scheinende Wiederholung wagt – »müden Blumen« »müden Tod« –, der meint die Blumen nicht mehr.

Und jetzt zum zweitenmal: »Es geht eine dunkle Wolk' herein.« Aber Wiederholung ist nicht gleich Wiederholung. Während bei den beiden »müde« das zweite nur eben eine Steigerung bedeutet, wird hier die Wiederholung der ersten Zeile zum Auftakt fast einer neuen Melodie. Auch jetzt noch ist die Wolke, was sie vor allem Anfang war: dunkle Macht, Lebensübermacht – aber er, der Singende, ist ein anderer nun. Er ist wie einer, der sich, ernsten Muts, die Rüstung angelegt hat, der seiner Stunde sich stellt. Mehr als zur Hälfte schon ist er nicht mehr hier; er ist weggerissen in die strenge Klarheit eines Frühlichts, das durchtönt wird von der alten Taglied-Weise des Dietmar von Aist: »Ich was vil sanfte entslafen: / Nu rüefestu kint Wafen. / Liep ane leit mac niht gesin.« Die

Sie werden noch eine rechte Weile auf ihren Plätzen verharren, die guten Steins allzumal samt Minna, Köchin und Fräulein, obwohl ihnen ihr Professor ja schon das Stichwort gegeben hat, mit dem der Gaulsbesuch allenfalls einzuordnen wäre in den Ablauf der Begebenheiten, oder eben nicht einzuordnen ist als »unerhörtes Erlebnis«, und so sehen wir sie stehen und sind versucht, sie zu zeichnen, diese unwahrscheinlich kinderreiche Familie, die vierzehn Leute samt dem Mops, ungefähr so, wie Bele Bachem sie zeichnen würde, oder, wenn schon nicht so, dann nach der Weise der Kinder: Figur neben Figur gestellt, den Mops nicht zu vergessen, und ganz am Rand müßte dann auch noch – schon im Davontraben wieder – der Gaul seinen Platz bekommen, der höfliche Gaul, der »verzeihn Sie« sagen kann, der Gaul vom Tischler Bartels...

Es sei höherer Unsinn, dieses Gedicht. Gut, aber dann liegt der Ton auf *höherer.* Und ich werde zu begründen wissen, warum ich kein Bedenken trage, in meine kleine Auswahl dieses Gedicht aufzunehmen.

Daß in einer solchen Reihe, das heitere Gedicht nicht fehlen darf, gilt mir so gewiß, wie eine Symphonie nicht ohne Scherzo gedacht werden kann. Und das nicht nur, weil es an sich schon erfreulich ist, die Menschen in ernsten Zeiten mit heiteren Gegenständen von Rang beschäftigt zu wissen und allenfalls sie selbst damit zu beschäftigen, sondern weil eine tiefe Beziehung besteht zwischen der Sphäre des Heiteren und dem Gedicht überhaupt. Etwas im Gedicht ist Tanz, vieles in ihm ist Spiel: und wenn nun Tanz und Spiel auch wieder, recht verstanden, ernsthafte Dinge sind, so doch ernsthafte eines Ernstes, der die Tür zur Heiterkeit hin nur eben angelehnt weiß.

Was Deutschland angeht, so ist in unsrer sonst so reichen Lyrik das heitere Gedicht nicht eben üppig gediehen. Es gibt ein paar zu Unrecht vergessene fröhliche Barocklyriker, es gibt Lessing und Gellert, es gibt Goethe. Es gibt – als den Primas in dieser Zunft – den Eduard Mörike, später dann Fontane und Heinrich Seidel. Für ein paar glückliche Augenblicke: Richard Dehmel. Für mehr als Augenblicke freilich: Wilhelm Busch. Und dann, halb schon zeitgenössisch, den Dr. Owlglaß, den Matrosen Ringelnatz, den Magister Käst-

Klage schweigt, die Notwendigkeit nur hat das Wort: »Es soll und muß geschieden sein.«
Aber da geschieht es ihm – und dies ist, als würde die Pause an diesem Zeilenende Musik –, daß er unter der Tür innehält, daß sein Blick noch einmal die Gefährtin findet, die Zurückbleibende; und die Zurückbleibenden tragen, er weiß es, das schwerere Teil. Es kommt ihn an, ein einziges Mal nicht durch Spiegelwort und Gleichnis zu reden und wahr sein zu lassen, was immer ist: »Ade, Feinslieb, dein Scheiden / Macht mir das Herze schwer.«
»Dein Scheiden«. Wer scheidet denn? »Scheidet sie, scheid ich?«: die immerwährende Frage der Scheidenden, sie ist nicht zu beantworten. Und so wird denn wohl auch nicht zu entscheiden sein, wer hier spricht. Ist es der Mann, der dies Letzte kaum sich selbst gesteht, oder ist es – Echo einer Wechselrede – Frauenstimme nun, schutzloses Urwort: allem Leben, keinem Leben, dem Morgenwind nur anvertraut: »Ade, Feinslieb, dein Scheiden / Macht mir das Herze schwer.«
In diesem Lied, und in hundert Liedern wie diesem – obschon dieses innerhalb einer reichen Fülle einen außerordentlichen Rang einnimmt –, ist nichts Kokettes, Sichselbstbespiegelndes zu finden, nichts Wehleidiges und nichts Forciertes. Hier muß nicht im Gedicht erst, durch die Anstrengung gleichsam des Gedichts, eine Welt herbeibeschworen werden; es bedarf nicht der ausgesuchten Wendungen, die nun bedeutend drapiert werden müßten, wie ein kunstgewerblicher Schönheitssinn zu ordnen versteht. Vielmehr wird durch ein solches Gedicht – durch sein ausgesprochenes und durch sein unausgesprochenes Teil – eine ganze, reichgefügte Welt offenbar: Schöpfung und Krieg, Liebe und Abschied, Verzicht und Zuversicht noch inmitten des Verzichts. Die Stimme, die sich erhebt, ist kaum mehr als eine dunkle, gedämpfte Einzelstimme. Aber indem sie sich erhebt, wird der ganze Leib unsrer Sprache tönend.
Wäre die Vertonung zu dem Lied nicht zugleich mit dem Wort wie aus einer Wurzel gewachsen, so würden wir wohl an Brahms denken als an den, der eine schwermütig-reine Melodie zu diesen Worten gefunden hätte; der Atem aus niederdeutscher Landschaft wären in ihr, die Weite des

Himmels vom Münsterland und der dunkle Ton vom niedersächsischen Wald. Aber solche Begrenzungen sind, dünkt mich, nicht statthaft. Nicht die Begrenzung des Ortes, nicht die der Zeit. Zwar sind die Epochen, da diese Lieder ihre große Resonanz fanden: Arnims 1810, Zuccalmaglios 1840 und Hans Breuers 1910 – uns heute fern gerückt; ja, es könnte sein, daß wir uns den Lautenspielern vom dämmernden Abend auf keine Weise gesellen wollten. Das Lied selbst aber ist über diesen Epochen.

GERHARD TERSTEEGEN

Andacht bei nächtlichem Wachen

Nun schläfet man,
Und wer nicht schlafen kann,
Der bete mit mir an
Den großen Namen,
Dem Tag und Nacht
Wird von der Himmelswacht
Preis, Lob und Ehr gebracht;
O Jesu, Amen.

Weg, Phantasie!
Mein Herr und Gott ist hie;
Du schläfst, mein Wächter, nie;
Dir will ich wachen.
Ich liebe dich,
Ich geb zum Opfer mich
Und lasse ewiglich
Dich mit mir machen.

Es leuchte dir
Der Himmelslichter Zier;
Ich sei dein Sternlein, hier
Und dort zu funkeln.
Nun kehr ich ein;
Herr, rede du allein
Beim tiefsten Stillesein
Zu mir im Dunkeln.

Vor dem ersten Wort schon, lange vor seiner ersten Zeile hat dieses Gedicht begonnen, und es endet lange nach seinem letzten Wort: so groß ist der Bereich des Schweigens, der diese Strophen umgibt. Und auch im Haus des Gedichtes selbst haben überall die heiligen Dunkelheiten Platz genommen, also, daß die einzelnen Zeilen des Liedes wie durch weite Zwischenräume voneinander getrennt scheinen, freilich durchaus ohne daß das Gedicht deshalb auseinanderfiele. Die Zwischenräume vielmehr lassen erkennen, wie die ›Andacht bei nächtlichem Wachen‹, in einer kleinen rheinischen Bandweberstube aufgeschrieben, in Wahrheit einer weiträumigen Welt zugehört.

Die Stimme des Mannes, der hier das Wort hat, ist leise. Aber wie man von einer durch ihre vortreffliche Hörsamkeit berühmten Kathedrale weiß, daß die Stimme des Priesters vom Hochaltar wohl vernehmbar ist noch im fernsten Winkel des Raumes, so gilt es hier: der Ton erreicht die fernste Ferne.

»Nun schläfet man«: hier wird nicht wie in Paul Gerhardts freundlichem Abendlied ausgesagt und aufgezählt, was alles sich zur Ruhe begeben habt: »... alle Wälder / Vieh, Menschen, Städt' und Felder«. – »Nun schläfet man«: das ist – alles deutende und beschreibende Wort weit überragend – das verwandelte Wort, die Chiffre selbst für eine ganze schlafende Welt. Unter der breiten mild-schützenden Decke des »schläfet« weiß sich in dem namenlosen »man« alles müde Leben geborgen; es ist, als stiege vor unsren Augen das dunkle Meer des Schlafes an, immer neue Küsten erreichend, Inseln und Erdteile.

»Und wer nicht schlafen kann«: die Stimme forscht nach den Kammern der Schlaflosen, der Freunde, der Nachbarn, der Kranken alle, der Gedrückten, der Geängstigten in Nähe und Ferne, und der Mann Gerhard Tersteegen, der – nach den Worten seiner Bitte – »einfältig, innig, abgeschieden« zu leben wünschte, reichte mit der Kraft seines Rates, mit dem Trost seines Zuspruchs, mit der Vollmacht seiner Fürbitte wahrhaftig in die Ferne: als siebzig Jahre nach Tersteegens Tod, in der napoleonischen Zeit, russische Soldaten nach Mülheim an der Ruhr kamen, stellten sie die Frage: »Wo ist Tersteegens Grab?«

»Und wer nicht schlafen kann, / Der bete mit mir an –«: die Schar der Schlaflosen, die kaum Schar heißen darf – sie sind, jeder für sich ein Einzeln-Einsamer, die Versprengten, die Verstoßenen des Schlafes – sie soll nicht mit sich und ihrer

Traurigkeit allein sein müssen; denn da ist, ihnen bekannt oder unbekannt, in der Mülheimer Weberstube einer am Werk, ihr Vorbeter, einer, der ihnen den Himmel zeigt, der sich wölbt über Schläfern und Schlaflosen gleichermaßen. »Der bete mit mir an«: hier könnte der Mystiker wohl innehalten; aber da ist es nun der Christ in Gerhard Tersteegen, der weiterdrängt, also, daß sich die ruhigen Wasser der drei ersten Zeilen in die vierte als wie in eine offene Brunnenschale ergießen: »Der bete mit mir an / Den großen Namen.«

Hier ist Aufenthalt, die Pause der Meditation, in welcher das Geheimnis des Namens bedacht wird. Dem, der kühnhin fragen wollte: »Wie heißest du?« wird freilich nur das heiligverwehrende »Was fragst du, wie ich heiße?« zuteil und jenes mehr verhüllende denn offenbarende Signum des Gottesnamens: »Ich werde sein, der ich sein werde.« Danach aber, da dem Dunkel des Schlaflosen schon tröstlich und stark das Gottesdunkel genaht ist, endet der Aufenthalt, und die Strophe fährt fort: »Dem Tag und Nacht / Wird von der Himmelswacht / Preis, Lob und Ehr gebracht.« Unsre Menschentage haben ihre Arbeit, und unsre Menschennächte hätten, wenn es nach unsren Wünschen ginge, den erquickenden Schlaf nach dieser Arbeit; es gibt aber, von unsrer Welt durch einen Vorhang getrennt, die Region der Gottesboten, in der Tag nicht Mühe und Nacht nicht Ruhe heißt, in der vielmehr Tag und Nacht, ungeteilt beide, der Anbetung gehören. Und hier ist auch der Schlaflosen Betschemel allezeit. »Nacht« – »Wacht« – »gebracht« – es sind die hellen, sieghaften Silben, wie sie auch in »Macht« und »Pracht« erscheinen: in ihnen ist das Dunkel ein durchtöntes und durchleuchtetes Reich geworden.

»O Jesu, Amen.« Nun ist der Weg an sein Ziel gekommen, und was als Meditation begann, endet im Vertrauen. »Was fragst du, wie ich heiße?« hatte einst, an der Furt des Jabbok, der Mann gefragt, mit dem Jakob zu ringen hatte, bis die Morgenröte anbrach. Hier ist die Furt des Jabbok nicht mehr, und hier ist ›mehr denn Israel‹. Hier ist, obgleich die Morgenröte noch lange nicht sich zeigt, Tag inmitten der Nacht, der offenbare Tag in dem offenbaren Namen, der angerufen wird über allem Wachen, Denken und Dichten: »O Jesu, Amen.«

»Weg, Phantasie!« Mit wie großer Gebärde wird durch diese beiden Worte die nachtschwarze Finsternis der unteren Sphäre weggedrängt! Und wieder ist es der Christ in Tersteegen, der es biblisch-nüchtern wahr sein läßt: »Was vom Fleisch geboren wird, das ist Fleisch« – auch wenn es Phantasie, Gedanke, Plan, Fülle der Empfindung genannt werden will. Der Christ weiß, daß er Rechenschaft schuldig ist für den Raum, den er den Nachtgespenstern in sich, ja selbst den Träumen gewährt. »Weg, Phantasie!« Und es geschieht, daß das ganze unübersehbare Schattendunkel, das bange chthonische Weitundbreit berührt wird vom blitzenden Schwert einer heiligen Vertikale: »Mein Herr und Gott ist hie«:

»Du schläfst, mein Wächter, nie / Dir will ich wachen«: groß und beseligend ist die Erkenntnis, die den Schlaflosen geschenkt wird: daß sie einen haben, der, ihnen gleich und ihnen ungleich doch auch, nicht schläft, den Wächter, und daß er sie, die Schlaflosen aller Erde, als Gesellen will, als Gehilfen seiner Wacht, also, daß nun ihre düstere Not zu Ende ist: denn nicht ihr Wachen ist ihre Not, sondern ihr sinnloses Wachen. Nun wissen sie, wofür sie wachen: sie wachen ihrem Herrn.

Wir forschen nicht nach, ob zu irgendeiner Stunde in Tersteegens Hand die ›Pensés‹ von Pascal gekommen sind, aber wir hören wohl den Zusammenklang, wenn es, bei Pascal, heißt: »Christus wacht noch immer in Gethsemane, man darf nicht schlafen!« Nun dauere die Nacht, wie lange sie dauern will, sie wird keine verlorene Zeit mehr sein für den, der Anteil hat an dem Leiden des Heiligen in dieser Welt.

»Ich liebe dich«: in mondener Klarheit, voll reiner, silberner Kontur stehen die Worte da, die Urworte des menschlichen Herzens, und sie wagen sich dem einzigen Partner entgegen, der sie dem Zittern und Flackern königlich zu entreißen vermag: »Ich liebe dich.« Wer aber den kennt, dem dies Wort entgegengeht, der weiß, daß »lieben« hier nicht heißen kann »besitzen wollen«, sondern heißen darf: »in Besitz genommen sein«; und so zieht denn das freie Liebeswort die strenge Deutung nach: »Ich geb zum Opfer mich / Und lasse ewiglich / Dich mit mir machen.« Nun ganz, wie er sich's erbat, ist dieses letzte Wort: »einfältig, innig«, dies: »mach's mit mir«

ein Kinderwort fast, ein Gotteskinderwort gewiß: ohne Objekt und Bestimmung, ohne Bedingung und Beschränkung; ganz Freude, ganz Vertrauen, ganz Zuversicht.

»Es leuchte dir / Der Himmelslichter Zier.« Vielleicht ist der nachtwachende Mann noch einmal vom Lager aufgestanden und unter das Fenster getreten, um wahrzunehmen die Stille der schlafenden Stadt, um zu fühlen, wie hinter Mauern und Fenstern die mannigfaltigen Geschicke sich erfüllen. Indes aber sein Blick sich zur Höhe wendet, dem Sterngewölb entgegen, trifft ihn der Psalmton, der Lobgesang aus Israel: »Lobet ihn, Sonne und Mond, lobet ihn, alle leuchtenden Sterne!« Prokyon und Wega haben großes Geleucht, aber auch er, Gerhard Tersteegen, und mit ihm die Schlaflosen alle, die unbekannten, – sie sind ermächtigt und sind begierig danach, etwas zu sein zum Lobe seiner Herrlichkeit. »Ich sei dein Sternlein, hier / Und dort zu funkeln.« Zu funkeln nur: funkeln ist nicht leuchten, funkeln ist nicht strahlen. Funkeln: das ist die unruhige, die zaghafte Weise, in der ein menschliches Leben dem Ewigen Antwort gibt.

Die Lieder Tersteegens, ursprünglich der Erbauung einzelner Seelen zugedacht, haben gleichwohl nicht das einsame Leben geistlicher Lyrik geführt, sondern – in großartiger Namenlosigkeit – ein öffentliches Leben im Bereich der christlichen Gemeinde. Sie standen bald – und stehen noch heute – in den Gesangbüchern der evangelischen Kirche. Es kann einem Freude machen, an den Pfarrer Eduard Mörike in Cleversulzbach zu denken, der für den Eingangs- oder Schlußgesang seiner Abendbibelstunde gewiß mit besonderem Wohlgefallen dieses Kleinod unter den Abendliedern der Kirche gewählt hat. Da sangen dann seine fränkischen Bauern, ohne groß auf die Schönheit des Textes achtzugeben, sangen, wie die Melodie es wollte: »Ich sei dein Sternlein, hier / Und dort zu funkeln ...« Er aber, der Pfarrherr, der nicht aufhörte, ein großer Dichter zu sein, auch wenn er seinen Talar trug, er mußte jedesmal an dieser Stelle, man kann es sich anders nicht denken, ein dreifaches Glück empfinden: wie der Reimeinschnitt »hier / Und dort« sichtbar macht, daß ein Strom ist zwischen allem Hier und allem Dort, daß anders in der Zeit und anders in Ewigkeit gefunkelt wird. Und dies: daß ein »und« geschrieben steht, und dieses »und« ist die Brücke, die über den Strom hinführt, die Brücke des Vertrauens, daß auf die Erlösten neue Aufgabe wartet. Endlich: wie durch die Nötigung, dieses »hier und dort« gleichsam gegen den Zeilenrhythmus zu sprechen, das vorausgehende »Ich sei dein Sternlein« so klar und fromm für sich allein steht, kräftig genug doch, den Wunsch eines ganzen Menschentums auszusprechen. »Ich sei dein Sternlein, hier / Und dort zu funkeln.«

»Nun kehr ich ein.« Es ist nichts mehr zu reden. Lobgesang und Vorsatz, Liebesopfer und Lebenswunsch sind dargebracht. Es ist Zeit, vom Fenster zurückzutreten. Die Stube ist dunkel. Aber ihr Dunkel ist nicht die schwere Finsternis.

»Herr, rede du allein / Beim tiefsten Stillesein / Zu mir im Dunkeln.« – »Du« – »zu mir« – »im Dunkeln«: lauter Geborgenheit entströmt diesen u-Vokalen. Der Mann, auf den diese Worte zukommen, weiß: ich bin's ja nicht, der die Schlaflosen bewacht, der ihre Angst von ihnen nimmt, und ich muß es nicht sein. Aber Du-über-mir: »Herr, rede du allein.« Und es mündet das Lied in das große Schweigen, aus dem es hervortrat, ein Schweigen, das sich bescheidet, weil es an die Sprache Gottes, die Offenbarung Gottes glaubt.

Es war dem Manne Gerhard Tersteegen nicht darum zu tun, ein vollkommenes Gedicht zu schreiben. Er sah sich und seine Kunst nicht an. Zeit seines Lebens hat er nicht gestattet, daß man ein Bild von ihm mache, und so hat er denn auch gewiß in *den* Spiegel nicht geblickt, den dichterischer Ehrgeiz zu schleifen sucht. Er wird, ohne viel Aufhebens zu machen, das Blatt, auf dem diese ›Andacht bei nächtlichem Wachen‹ geschrieben stand, zu anderen Blättern gelegt haben, und manches von diesen Liedern ist zeitgebundenes Wort und darum vergangen mit der Zeit. Dieses Nachtlied jedoch zählen wir, ohne einen Augenblick zu zögern, zu den großen Gedichten unsrer Sprache. Es atmet vollendete Unschuld; so wurde ihm die Unschuld der Vollendung zuteil.

CHRISTIAN WAGNER

Blühender Kirschbaum

Ungezählte frohe Hochzeitsgäste,
Groß und kleine, einfach und betreßte,
Herrn und Frauen, Edelfräulein, Ritter,
Ungezählte Väter wohl und Mütter,
Ungezählte Kinder, Großmatronen,
Jägerinnen viel und Amazonen,
Freche Dirnen wohl mit Ernsten, Frommen
Auf dem Edelhof zusammenkommen.

Ungezählte bräutlich schöne Zimmer,
Da und dort wohl mädchenhafter Flimmer,
Ungezählte rosige Hochzeitsbetten
Und daneben heimlich traute Stätten,
Rosenfarbig ausgeschlagne Stübchen
Für die Harfnerinnen und Schönliebchen,
Ungezählte Schalen mit Getränken,
Ungezählte Köche wohl und Schenken,
Ungemeßner Raum zu freiem Walten
In dem Hochzeitshause ist enthalten.

Ungezähltes Kommen oder Gehen,
Abschiednehmen, Kehren, Wiedersehen,
Essen, Trinken, Tanzen, Liebesgrüßen,
Liebgewordenes Umarmenmüssen;
Ungezähltes inniges Umfassen,
Götterfreies Sichgewährenlassen;
Ungezähltes Leid- und Selbstvergessen
In dem luftgen Saale – währenddessen
Ungezählte selige Minuten
An dem Freudenheim vorüberfluten.

Etwas vom Alchimisten, vom Tinkturenmischer, vom Zauberkoch steckt in jedem Dichter, und in jedem aufmerksamen Leser lebt ein Stück von der Neugierde des Königs, der hinter das Geheimnis kommen will: wie heißt das Kräutlein, das dem Gericht den köstlichen Geschmack verleiht? Er wird es nicht inne werden, der König im Märchen. Und so wäre ja wohl auch ein Gedicht, dessen Substanzen und Zutaten sich reinlich bis ins letzte aufzeigen und sondern ließen, schwerlich ein gutes Gedicht. Was nun aber den Versuch angeht, auf dem Umweg über die Person des Dichters einem Gedicht nahe zu kommen, so haben wir ihm gegenüber, ich glaube mit Recht, unsre Bedenken; daß er aber immerhin einmal unternommen werden kann, wollen wir hier bezeugen und so in Kürze Bericht geben von der besonderen Bewandtnis, die es mit dem schwäbischen Bauern Christian Wagner hat, als mit einem Dichter, der in jedem Menschenalter einmal wieder neu entdeckt und dreimal vergessen wird.

So muß denn die Rede sein zuerst von Schwaben als von der Heimat dieses Mannes. Wenn – nach einem Aphorismus des Novalis – Deutschheit heißen darf: »Kosmopolitismus mit kräftigster Individualität gemischt«, dann sind die Schwaben recht die exemplarischen Deutschen: weltoffene Eigenbrötler. Für ihre Dichter bedeutet dies: sie sind in ein und demselben Atemzug ganz kreatürlich zugetan der weiten und bunten Erde, die sie trägt und nährt, und nahe doch auch dem Himmel, über den sie, jeder ein spekulativer Kopf, ihre eigenen Gedanken haben, und das gilt für Sebastian Sailer wie für Eduard Mörike, für Hermann Hesse und für Konrad Weiß. Ihr Pathos greift nach den Sternen, aber Humor und Selbstironie halten sie zu ihrem Heil auf der Erde fest. Ihre Fabulierlust ist kühn, voll schweifender Formfreude, aber wer unter ihnen etwas sagen will, muß vom Wesen her etwas zu sagen haben.

Nun das zweite: Bauer in Schwaben. Das bedeutet die Zugehörigkeit zu dem beständigsten Stand unter den Ständen des Landes, einem damit freilich auch besonders wenig beweglichen Stand. Tagwerk und Fest, Leben und Glaube – das ist von Vorvätern und Vätern her geformt und ineinandergefügt. Der Dichter, der sich anschicken könnte, ihrem Stand das Lied zu singen, den würden sie wohl mit einem heiteren Respekt als den ihren anerkennen. Wen aber ein innerer Auftrag allein dazu ermächtigt, dem eigenen Ton Raum und Recht zu geben, der muß sich wohl wundscheuern an Ketten der Gewohnheit, muß, mag er noch so sehr ein Mann des Friedens sein, in Trotz- und Kampfstellung geraten, und muß sich einen Narren heißen lassen, auch wenn er ein Weiser ist.

Wie also, wenn einem wie diesem Christian Wagner lauter eigene Gedanken durch den Kopf gehen und sogleich Herz und Mut bewegen? Wenn es ihn ankommen mochte, ihn, ein armes Bäuerlein, das Kalb zu kaufen, das ein Nachbar zum Metzger zu führen gedachte, weil es ihm leid war um die Kreatur, weil er ganz durchdrungen war von jener aus indischer Weisheit stammenden Vorstellung von der Verwandtschaft alles kreatürlichen Lebens untereinander, von der innigen und heiligen Beseelung des Daseins? Seht ihn: einen Mann in den Sechzigern, einen rüstigen Wanderer von kleiner, zarter Statur mit einem großartigen, an Ibsen oder Schopenhauer gemahnenden Kopf, seht ihn umhergehen in der Landschaft bei Warmbronn, die eine von den besonderen Seelenlandschaften des Landes ist. Hier hatte Schiller, der Karlsschüler, gelebt, gedichtet, aufbegehrt, hier war das eine und andere Mal Mörike des Wegs gekommen, Vikar Mörike aus Eltingen. Und hier geht nun, wir schreiben das Jahr 1900, Christian Wagner, ein Dichter wie Schiller und Mörike. Sie blicken ihm nach, die Dorfbewohner von Warmbronn, sie sehen, wie er im Lauf innehält und ein Notizbüchlein zieht, aber sie sehen nicht, was er nun mit seiner zierlichen, nur ein klein wenig ungelenken Handschrift einträgt, und sähen sie's, so wüßten sie's kaum zu verstehen; es sind kühne und krause Notizen, Prosa und Vers in unmerklichem Wechsel. Sie würden den Kopf schütteln, die Dorfleute; doch könnte es immerhin auch sein, daß einer von den Warmbronnern seinem Nachbarn zu wissen tut, er habe kürzlich in der Stadt, im Schaufenster einer Buchhandlung, wahr und wahrhaftig gedruckt gefunden: Christian Wagner, ›Sonntagsgänge‹.

Da geht er, und auch dies heute ist ein Sonntagsgang, der Kalender sagt: Sonntag Jubilate, erster Sonntag im Mai. Die reine und reiche Landschaft hat unsren Wanderer aufgenommen, das gute, blühende Obstbaum-, Wiesen- und Weizenland zwischen Stuttgart und dem Schwarzwald. Das Dorf ist fern und versunken, wie in einen dumpfen Sonntag-nach-Tisch-Schlaf versunken. Gestern, ja: da hatten sie sich für zwölf Stunden ein wenig aus dem Gleichmaß herausrufen lassen. Hochzeit war gewesen im Dorf, eine von den fünf oder sechs Hochzeiten des Jahres: Kirchgang und Glockengeläut, im frühen Abend aber Singsang und kleiner Lärm im Hause der Braut. Man hatte den schwarzen Rock hervorgeholt und den Zylinder, hatte den Glückwunsch getan und Einblick genommen in die neue Wohnung des Paars, wobei den Frauensleuten der Weißzeugschrank vor allem wichtig war, und selbst er, Christian Wagner, hatte um der lieben Verwandtschaft willen für eine Stunde am Fest teilzunehmen gehabt. Man hatte ein Glas Wein vor ihn gestellt und weißes Brot, Brot und Wein waren gut. Aber dann war da vor dem Fenster die blühende Welt gewesen, die andere, die eigentliche Welt, und so hatte er denn, Fremdling unter den Dörflern und einsam inmitten der Dorfgespräche, nur eben gewartet auf den Augenblick, in dem er schicklich sich entfernen konnte: »Laß hinter dir das Dorf, drin du geweilt, / Das nichts mit dir als Irdisches geteilt! / Laß hinter dir das alles, rufet stets / Der Geist in mir, und in die Welt mich weht's.« Und jetzt ist in Wahrheit dies alles dahinten geblieben, und gegenwärtig allein das blühende Land in der hohen Stunde des Mittags. Die sehkräftigen Augen des alten Mannes, immer schon am liebsten den Blumen zugeneigt, voll botanischer Entdeckerfreude blicken sie umher, viel mehr aber voll Seherlust und Schöpferlust, wahrhaftig: Schöpferlust – unablässig nämlich wachsen ihm neue, eigene Blumenmythen aus Wahrnehmung und Meditation unter den Händen auf.

Wer wandert heute weit? Der Seher nicht, er kommt nur bis zum Kirschbaum an der Kreuzung, dem über und über blühenden Baum. Dort, an den Stamm gelehnt, verharrt er, dort sucht ihn, wie zum Abschied noch einmal das Bild vom gestrigen Nachmittag, das biedertreue Hochzeitswesen heim, nur für so lange, bis er es von neuem weiß: ach nein, drüben nicht im Dorf, hier, zwischen Bienen und Hummeln, Käfern und Schmetterlingen, Ameisen und Mücken, in diesem summenden und lichtflirrenden, diesem weißen, dufttrunkenen

Bereich, hier oder nirgends ist Hochzeit. Die Kirschblüten, die jetzt die emporgestreckte Hand ihm streifen, er beginnt, ein Nachmittagsspiel, sie zu zählen, dann aber läßt er die Hand sinken: denn mit eins hat ihn mitten im Spiel ein anderer berührt, der Geist, jener, der noch im Entzücken mit namenlosem Ernst die Seinen anschaut, ein Wort nur spricht er ihm zu: »Ungezählte«, eine Zeile nur: »Ungezählte frohe Hochzeitsgäste«:

Aber da hatte nun freilich der schöpferische Geist an eine besondere Pforte geklopft, denn schon stürzen, dieser ersten Zeile folgend, unversehens die Strophen des Gedichts nieder, einem Blütenregen, einem Katarakte gleich.

Wie Inspiration und Arbeit sich zueinander verhalten, darüber haben die Wissenden wohlbedacht sich siebenmal ausgeschwiegen, ehe sie einmal etwas vernehmen ließen. Und wie ließen sie dann sich vernehmen? Valéry so: »Gott gibt uns den ersten Vers umsonst, aber es bedarf unsrer gesammelten Anstrengung, daß der zweite Vers nicht ganz unwert des ersten werde.« Nun, auch Christian Wagners Manuskripte zeugen von wachsamer Arbeit, aber hier, im Gedicht vom ›Blühenden Kirschbaum‹ dünkt es uns, als habe ihn das eine Wort »ungezählte« so verzaubert, daß sich aus diesem Keim heraus das ganze Gedicht im Augenblick entwickeln konnte, daß das weite Spielfeld der Gestalten sich vor dem Auge auftat: keine Idylle vom Kirschbaum, kein Hebelsches ›Chriesbaum‹-Lied kündigt sich an, sondern ein Schöpfungsdrama, und er, ein Dramatiker eigener Art, ein selig und klar berauschter, schreibt den Personenzettel nieder: »Herrn und Frauen, Edelfräulein, Ritter, ... Großmatronen, / Jägerinnen viel und Amazonen.«

Schöpfungsdrama aber, das ist immer beides zugleich: Chaos und Kosmos, Ungeborgenheit und Heimat, Zuflucht und Gefahr, Ordnung und Wagnis, und so sind sie denn auch hier beisammen: »Freche Dirnen wohl mit Ernsten, Frommen / Auf dem Edelhof zusammenkommen.«

Und kaum ist der Personenzettel niedergeschrieben, so ersteht schon das Szenarium, überschwenglich, verschwenderisch reich. Da ist nichts von der Enge Warmbronns, der Enge auch und Kümmerlichkeit des eigenen Stübchens, nein: »Ungemeßner Raum zu freiem Walten«; nichts von dem wohlbemessenen Traktament der Speisen, die nach Art und Folge festgelegt sind seit Olims Zeiten, nein: »Ungezählte Schalen mit Getränken«, nichts von dem kläglichen Lärm aus heiseren Kehlen, nein: Hochzeitsmusik höherer Observanz, und »Rosenfarbig ausgeschlagene Stübchen für die Harfnerinnen und Schönliebchen ...«

In Fülle und Freiheit vermählen sich hier Leben und Leben, und Bericht wird erstattet in weichen, welligen Infinitiven, in denen Geschehen und Geschehenlassen nicht mehr zu unterscheiden ist: – »– Tanzen, Liebesgrüßen / Liebgewordenes Umarmenmüssen«. Wer eine Freude daran hat, Gleichzeitigkeiten in der Dichtung zu bedenken, der mag sich vor Augen stellen, daß ebenfalls um die Jahrhundertwende, völlig unabhängig von diesen Strophen aus Schwaben, ›Die Weise von Liebe und Tod des Cornets Christoph Rilke‹ geschrieben worden ist, und in ihr dies: »... ein Sich-Begegnen und ein Sich-Erwählen, ein Abschiednehmen und ein Wiederfinden, ein Glanzgenießen und ein Lichterblinden«. Weise von Liebe und Tod ist auch Christian Wagners Gedicht, Weise von Liebe und Leben, Myterienspiel. Eros, der große, der »furchtbare Gott«, blickt herzu, aber der Dichter, der ihn beschwört, ist ein Weiser. Hier lallt kein Satyr ein trunkenerhitztes Liebeslied, und die feiste Daseinslust ist fern, aber fern ich auch die spröde Kühle des Verzichts, die »Melancholie des Unvermögens« –; der hier das Wort wagt, der steht, dem Dornburger Goethe und seinem Bräutigams-Ja nahe, im apollinischen Licht, willens zu wissen: »Im Augenblick ist Ewigkeit«, und zu fühlen, wie »Ungezählte selige Minuten / An dem Freudenheim vorüberfluten.«

Ein Wort zu den zahlreichen schüchternen »wohl«. Für die Dauer einer flüchtigen Betrachtung könnte man sie ansehen als Notbehelfe und Schwächezeichen; in Wahrheit sind sie, schaut man nur lange genug, zierliche Stufen, die den Katarakt verwandeln zum Kunstwerk der Kaskaden. Einige lässige Reime aber, wie der von »Mütter« auf »Ritter«, von »Liebchen« auf »Stübchen«: nun, hierzuland können sie richtig gesprochen und ohne Not gehört werden; auch wollen sich die leichten Anklänge müheloser fast als strenges Reimgespann in die freimütige Hochzeitsgesellschaft finden.

Zuletzt: wie sicher wohnt dieses Gedicht in seinen Bereichen.

In einem fast treuherzig-altfränkischen zuunterst; im Bezirk der reinen, poetischen Anschauung dann; zuhöchst in der Sphäre des schwebenden Geistes. Grünewalds Stuppacher Madonna kann einem, der nach Kunstgebilden verwandter Art fragt, leichthin in den Sinn kommen: wie dort auf dem alten Bild, so sind hier im Gedicht Oben und Unten, Leib und Geist, Himmel und Erde miteinander befreundet.

Ich könnte mir einen Menschen denken, der des Wortes müde geworden ist, dem es Angst ist vor viel heilloser Federfertigkeit, und der doch auch aus dem papierenen Elend heraus Ausschau hält nach dem glaubwürdigen Wort, nach dem Wort als Wirklichkeit, als Gartenfrucht, als Freude. Dem läse ich dieses Gedicht.

HANS CAROSSA

Tage lang hab ich den Acker gepflügt

Tage lang hab ich den Acker gepflügt, unzählige Furchen
  Achtsam gezogen fürwahr, schnurgerad glaubt ich
                                                  sie all.
Aber nun schau ich vom Hügel hinunter,
                                  da, siehe, die meisten,
  Leider, gerieten mir krumm, wenige laufen gerad.
Ruhe, mein sorgliches Herz!
                                  Die Egge wird alles verebnen,
  O, ihre Zähne sind gut, wehren dem Zahne der Zeit!
Himmel, erziehe mir du die zarten künftigen Saaten!
  Einst, über Krumm und Gerad
                                  neigt sich das reifende Korn.

Es ist so wahr, was man zuweilen gesagt hat: der Poet (der »Macher«) darf sich vor einem tüchtigen Schreiner nicht schämen müssen. Wer mit dem schönen, lebendigen Holz der Sprache umzugehen hat, bedarf der gleichen Fähigkeiten wie einer, dem ein Dutzend edle Hölzer zur Verarbeitung anvertraut sind: Beobachtungs- und Unterscheidungsgabe, Fleiß, Geduld und Sorgfalt, »exakte Phantasie«, um es mit einer Prägung Goethes zu sagen.

Viele Versuche, die niemals die Werkstatt verlassen, werden vonnöten sein; das Gebilde aber, das ausgegeben wird, muß gutstehen für sich selbst, und keine Versicherung, man habe das Trefflichste geplant und das Edelste gedacht, rettet eine mißglückte Arbeit vor dem klaren Verdikt.

Es lauert jedoch noch in der Meisterwerkstatt des Künstlers – und hier scheiden sich Schreiner- und Poetenlos – ein gefährlicher Drache, »Nutzlose Virtuosität« genannt. Ein Kunstwerk ist sich selbst genug; der Satz gilt. Aber was nicht in einer lebendigen Verbindung mit allem gelebten Leben steht,

das lebt nicht so, wie Brot lebt, das speist; wie Wasser lebt, das tränkt; wie Arznei lebt, die Heilung bringt.
Nun ist dem Gedicht gewiß die Möglichkeit gegeben, so in Verbindung mit allem gelebten Leben zu stehen, daß in zwölf oder zwanzig Zeilen eine Welt im Nußkern uns zugemittelt werden kann. Dennoch drängt sich die Frage herzu: ob große Lyrik nicht doch insgeheim einen Teil ihrer Keimkräfte aus einem zweiten, einem fremden Bereich zu ziehen weiß und ob nicht doch ein lyrisches Werk, wofern es als ein Ganzes Dauer gewinnt, den Zusammenhang wahrt mit einer zweiten Leistung als einer Leistung gelebten oder gestalteten Lebens. Hier führt freilich jede Wegspur ins Labyrinth: wer erwägt das zu Ende, auf welche Weise Goethes verantwortlicher Lebensdienst in Gedichten wie den ›Römischen Elegien‹ gegenwärtig ist, wie Mörikes Predigtarbeit in geheimer Kommunikation steht mit den innigsten Spiegelbildern der Welt, mit ›Schön Rohtraut‹ oder der ›Nixe Binsefuß‹; wie Gottfried Kellers Lyrik gewiß ihren Eigenton in sich selbst hat, wie aber ihre Ober- und Untertöne stammen aus der epischen Kraft, die diesem Mann und seinem Werk zu eigen war? Gewiß: man könnte Hölderlin nennen als lebendigen Gegenbeweis, als den, der – weit entfernt von jedem »zweiten Feld« und jeder »zweiten Leistung« – nur eben *einem* sich erschloß und diesem einen ganz: dem hymnischen Gedicht, aber muß einem nicht gerade darum auch wieder Hölderlin zuerst in den Sinn kommen, wenn man der Merkstrophe des abschiednehmenden Goethe nachgeht, in der es heißt: »Daß die Muse zu begleiten, / Doch zu leiten nicht versteht«?
Trotzdem: nicht diesen einen Hölderlin, wohl aber manche gleicherweise bedeutende wie gefährdete Figur aus dem Fiebergebiet des »lyrischen Spezialistentums« haben wir bei diesen halb nur in Frageform vorgetragenen Beobachtungen im Auge, und im Grunde wollen sie uns hier nur dazu dienen, auf den Reichtum vielfältiger Leistung hinzudeuten, wie er nun Carossas Strophen umschließt. Diese Strophen muß man lesen, wie man einen Klavierauszug liest: in Kenntnis, in Ahnung zumindest einer ganzen Partitur. Tagebuch, erfülltes Tagebuch: so hieße ja wohl hier die »zweite Leistung«, und es ist das Tagebuch eines Mannes, der nicht Empfindungen, sondern Erfahrungen notiert, Essenzen des Daseins, wie sie

einem wachsamen, heilkundigen Blick sich darbieten. Das Tagebuch eines Mannes, dem die Wahrnehmung vieles und dann doch wieder nicht alles bedeutet, eines Helfers, den die Maxime begleitet: »Es ist leichter, sich um Tausende zu ängstigen, als für einen Einzigen das Rechte zu tun.«
Der Augenblick und sein flüchtiger Glanz, die Stunde und ihr ernster Schauer – ganz unmittelbar treten sie in das Tagebuch ein; nur das Ungefähr, das Unaufgeräumte und Ungefügte dringt nicht heran: zu lange hat sich dieser Dichter dazu erzogen, kein lässiges, kein gleichsam ungefiltertes Wort niederzuschreiben. Prosa, eine – man möchte sagen: festliche Prosa regiert; aber in fast unmerklichem Übergang kann es geschehen, daß Verse entstehen, ein Rechenschaftsbericht in Versen. Die großen dunklen Augen kehren von ihrer Weltwanderung zurück; wohin nur, wohin? Ins Eigene, in die innerste Kammer, die Dunkelkammer; Felder des Lebens werden gewiesen, vielbestelltes Land: »Tage lang hab ich den Acker gepflügt.«
So geht der Pflüger, nach dem Rhythmus des Distichons geht er: die eine Ackerfurche hinauf und die folgende dann zurück, und daß er auf dem Rückweg zweimal Atem holt, einmal in der Mitte des Weges und noch einmal vor der neuen Wendung, nun, das ist eines alten Pflügers gutes Recht.
»Unzählige Furchen / Achtsam gezogen fürwahr –«: ganz einfältig, ganz – man müßte sagen – fromm ist dieses »fürwahr«, wenn anders dies »fromm« heißen darf: nicht auf Wirkung bedacht zu sein, nicht auf Zuschauer zu schielen, nicht zu blinzeln, wie die Eitelkeit blinzelt.
»Aber nun schau ich vom Hügel hinunter«. Vom Hügel nur. Der Pflüger hat nicht »dem Turme geschworen«; sein Teil ist die Erde und die strenge Arbeit auf dieser Erde. Und so ist auch der Blick hier nicht der Blick, mit dem der Dichter des Lynkeus auf sein Leben schaut. Er könnte einem freilich in den Sinn kommen, dieser Goethe, wie er an seinem letzten Erdengeburtstag auf dem Gickelhahn die Inschrift von einst »rekognosziert«, das »Über allen Gipfeln ist Ruh«, und dann – in einem Brief an Zelter – erwägt: »Nach so vielen Jahren war denn zu übersehen: das Dauernde, das Verschwundene. Das Gelungene trat hervor und erheiterte, daß Mißlungene war vergessen und verschmerzt.« Die Reminiszenz stellt sich ein: aber der Mann, der vom Hügel hinunter schaut, ist dem,

der da zuvor gepflügt hat, doch noch ganz anders nahe, räumlich und zugleich und innerlich. Er spricht nicht von Turm- oder Bergeshöhe herab. Man spricht anders, wenn man vom Hügel her spricht.

»... da, siehe, die meisten, / Leider, gerieten mir krumm.« Dieses »leider« ist, wie das vorausgehende »fürwahr« eines von den verborgenen Gipfelworten des Gedichts, eines, das seinen Rang bestimmt. »Leider«: da sind sie also, dem Betrachter recht deutlich vor Augen, die Ergebnisse abgeleisteter Pflichten aus dem Geflecht des Lebens: Beruf und Ehe, Vaterschaft und Freundschaft und kein Ende. »Leider«: das klingt anders als Goethes »vergessen und verschmerzt«. Nein, er vergißt nicht, er empfindet Schmerz. Aber dieser Schmerz wird nicht dramatisiert, und weder Pathos noch Emphase werden erlaubt. »Leider«: das ist das scheue Wort, nein, es ist mehr: es ist das weise Wort. Und als das weise Wort ist es dann doch auch zuletzt das insgeheim-heitere Wort. Vielleicht muß man weit in die Siebzig gekommen sein und dann freilich eben auch Carossa heißen, um zwischen zwei Kommata dieses »leider« setzen zu können, schutzlos und unangreifbar zugleich.

»Ruhe, mein sorgliches Herz!« Wie eine Beschwörung klingt dieser neue Zeilenanfang, der alte Summ- und Raunton, der einst im ›Rumänischen Tagebuch‹ Glavinas glühende Botschaften geformt hat, nun naht er dem eigenen Herzen, und fast wie eine altrömische Kunde, wie aus Horaz oder Seneca herübertönend, erscheint dies: »Ruhe, mein sorgliches Herz!«

Und warum »ruhe«? »Die Egge wird alles verebnen.« Aber das ist nun nicht Horaz und auch nicht Seneca mehr. Die große, immer wieder im Werk Carossas auftauchende Mahnung »Sorgen wir uns nicht!« stammt aus dem Vertrauen auf den Schöpfer Geist, der das Fragmentarische nicht aufgibt, der neue Verwandlungen möglich macht, neue Prüfungen auferlegt, der neue Tode auch verhängt, doch zu neuem Leben. Es gilt, den Himmel über dieser Zeile zu erkennen recht als den Himmel Jakob Böhmes, und die Nachbarstimme zu hören, die da spricht: »Wer nicht stirbt, / Eh er stirbt, / Der verdirbt, / Wann er stirbt.« »Himmel, erziehe mir du –«: so verlangt es ihn denn danach, ganz unmittelbar

zuletzt den letzten Zuhörer anzureden, der der nächste ist, den Greisen zumal der nächste, den Himmel, und es ist nicht zu fragen, welcher Himmel gemeint ist; denn dem Dichter sind alle Himmel versammelt: der homerische, der indische doch wohl, der biblische gewiß.
»Erziehe mir du« –: von der ›Pädagogischen Provinz‹ war ein Leben lang gehandelt worden, und oft genug hatte der Blick dieses Mannes getrachtet nach jener Höhe der Erkenntnis, von der aus alle Menschenbilder sich erkennen lassen würden als »lebendige Statuen, die unaufhörlich aneinander formen«. Nun, als im Abschied, wird neues Land erreicht, und der Dichter dieser Strophe wünscht, der himmlischen Pädagogik allein gehorsam zu sein. Man horche den fünf Sforzati nach, den fünf z-Lauten aus der sechsten und siebenten Zeile des Gedichts: sie haben deutlich ein Gefälle zum Immer-Milderen hin, zum Gelassenen, zum Scheu-Geduldigen, zum Vertrauen also auf die »zarten künftigen Saaten«, die höher sind als Furche und Furchenkunst.
»Einst, über Krumm und Gerad neigt sich das reifende Korn.« Er kann schauen und prüfen, der Mann vom Hügel; er kann mehr: er kann glauben. Es ersteht die Vision vom weißen Erntefeld, da das Geglückte und das Mangelhafte gleichermaßen gesegnet ist, da sich zum menschlichen Tappen und Tasten das ewige Gelingen neigt, die Freiheit der Gnade.
Der Dichter dieser Strophe ist, so dünkt uns, der peitschenden Unruhe, noch vieles schreiben zu müssen, wunderbar enthoben; er ist auch dem Gespenst unsrer Tage, der Diskussion, in Gnaden entrissen. Im Nachen dieser Strophe zieht Leben Bereichen entgegen, in denen das Wort übergeht in die Klarheit des Schweigens, in den wortlosen Lobgesang vom »Anschaun ew'ger Liebe«.

Freude am Gedicht: so wäre auch sie zuletzt die Freude an der Transzendenz des Gedichts? Es ist herrlich und groß, in einer Handvoll Worten dem immer schon Geschaffenen von neuem Wohnung und Leib zu bereiten. Es ist herrlich und groß, andere Wohnung und andere Gestalt zu ahnen, das Gedicht hinter dem Gedicht, über dem Gedicht: über allem Sehen unsrer Augen, über allem Vernehmen unsrer Ohren, über allem Pochen unsrer Herzen.

Über ein Gedicht von Matthias Claudius

Man kann von einem einzelnen Gedicht des Matthias Claudius nicht sprechen, ohne nicht sogleich zu sagen: ein solches Gedicht steht nicht für sich allein, wie sonst wohl Gedichte für sich allein stehen wollen, Bilder und Visionen, hinter denen ihr Dichter verborgen bleibt; Claudius hat ja seine Botschaft, das Wort des ›Boten‹, immer in einem großen Zusammenklang ausgerichtet, hat eine Kantate, eine Rezension, ein Lehr- und Streitgespräch, einen Brief an Andres, eine Übersetzung (etwa die der Verteidigungsrede des Sokrates), ein Stück Tagebuch, eine Parabel, einen gereimten Scherz zusammen mit den großen Gedichten, die wir kennen, auf den Markt gebracht, das Persönliche, ja, das Private dabei nicht verbergend, sondern offenbarend: Asmus omnia sua secum portans. Achtmal im Laufe eines Lebens, das bis ins Fünfundsiebzigste gekommen ist, hat er ein solches Asmus-Büchlein herausgegeben, eine Art Almanach, von einem einzigen Autor geschrieben, und die etwas davon schon verschmeckt hatten, die haben sich auf der Messe den ›neuen Claudius‹ rechtzeitig gesichert, unbesehen. Sie wußten: was sie bekamen, war Brot, gutes, kräftiges Brot. ›Hausbacken Brot‹ möchte man sagen, aber wir haben dem Wort ›hausbakken‹ einen Klang von Behäbigkeit, gemütlich-gemütvoller Harmlosigkeit gegeben, der zu Claudius durchaus nicht paßt. Man sehe sich die Bilder an, die von diesem Mann auf uns gekommen sind: das ist kein Biedermann mit Schnupftuch, Pfeife, Abendtrunk und Vesperbrot; das ist, wenn wir schon klassifizieren wollen, viel eher ein Gelehrtengesicht; und er war ja ein gelehrter Mann: ein Sprachenkenner par excellence, dazu in Theologie, Philosophie, Historie und Literatur wohl – bewandert, der Naturwissenschaft nicht unkund, ein zarter, sensibler und diffiziler homme de lettres, und freilich viel mehr als das: ein Herr, ein Vater – wir sagen: Vater und sagen nicht: Papa –, ein Mann eigener Prägung: Matthias Claudius.

Ich sage nichts weiter von seinem Leben. Wer das Werk kennt, lernt ein paar Kapitel vita Matthias Claudius unversehens kennen, die vita eines Mannes vom verborgenen Leben; eines Mannes, der sich fast geflissentlich – auch ohne besonderen Berufsehrgeiz zum Beispiel – im Schatten hielt: dort, im Schatten, freilich nicht kümmerlich, sondern heiter den Tag annahm, den guten, den weniger guten; der die Feste feierte, wie sie fielen, und wenn keines fiel, eines von eigener Hand komponierte, und wär's die Feier zum ersten Zahn eines Kindes: »Viktoria! Viktoria! Der kleine, weiße Zahn ist da!« Wir lernen die Menschen, die ihm nahe waren, kennen; Frau Rebecca, die Mutter seiner Kinder, diese Kinder dann, die Kindeskinder; die Freunde, die Zeitgenossen: Goethe, Herder und Lessing gehören hierher; aber auch die Widersacher, an denen es dem freimütigen Mann nicht fehlen konnte – geistweise zumindest; ganz unmittelbar war er gewiß nicht ein Mann der Streitigkeiten; noch weniger freilich einer, der Gegensätze verschleiern wollte: die Aufklärung hatte an ihm einen noblen und kundigen Gegner, der biblische Glaube einen ernsthaften Zeugen, einen herzlichen Verfechter.

Das Gedicht, das wir hier bedenken wollen, steht im Sechsten Teil seines Werkes und stammt etwa aus dem Jahr 1796; es ist ein Lehrgedicht von der Vergänglichkeit, aus besonderem Anlaß geschrieben, ein Gelegenheitsgedicht also. Es trägt den Titel ›Als der Sohn unsres Kronprinzen, gleich nach der Geburt, gestorben war‹ – und lautet so:

> Mit den vielen andern, Groß und Kleinen,
> Klag ich schmerzlich deinen Tod;
> Will bei deinem Sarge satt mich weinen
> Und die Augen rot.
>
> Nicht: daß du dich nicht, nach Herzens-Gnüge,
> An die holde Mutter schmiegst,
> Und daß du, statt freundlich in der Wiege
> Tot im Sarge liegst; –

Hier ist Vorplatz nur, spät oder frühe
Gehn wir alle weiter ein,
Und es lohnt sich wahrlich nicht der Mühe,
Lange hier zu sein;

Nicht: daß du des Vaters Glanz hienieden
Und sein Königreich nicht sahst,
Und daß du die Krone, dir beschieden,
Nicht getragen hast; –

Ach, die Kronen sind nicht ohne Bürden,
Sind nicht ohn Gefahren, Kind!
Und es gibt für Menschenkinder Würden,
Die noch größer sind;

Sondern: daß wir hier ein Land bewohnen,
Wo der Rost das Eisen frißt,
Wo durchhin, um Hütten wie um Thronen,
Alles brechlich ist;

Wo wir hin aufs Ungewisse wandeln,
Und in Nacht und Nebel gehn,
Nur nach Wahn und Schein und Täuschung handeln,
Und das Licht nicht sehn;

Wo im Dunkeln wir uns freun und weinen,
Und rund um uns, rund umher,
Alles, alles, mag es noch so scheinen,
Eitel ist und leer.

O du Land des Wesens und der Wahrheit,
Unvergänglich für und für!
Mich verlangt nach dir und deiner Klarheit,
Mich verlangt nach dir.

Eine große Bewegung, dem Hamburger Meerwind gleich, fühlen wir durch das Gebilde fahren, Zeit und Ewigkeit im Mantel bauschend. Und: was für eine Steigerung im Ganzen, fast von Strophe zu Strophe; das Dunkel einer Wendeltreppe ist da; aber es ist die Treppe, die zur Höhe führt, und auf der

Zinne ist die Aussicht frei und weit: »O du Land des Wesens und der Wahrheit –«

Zuerst ist es in der Menge der Kondolenz-Erweisenden, eine fast noch namenlose Stimme; ein Irgendwer beginnt, einen Tod zu beklagen. Was für einen Tod? Den Tod eines Kindes, das gleich nach der Geburt starb. Wer die Kirchenbücher, die Sterberegister früherer Jahrhunderte ein wenig kennt, weiß, wie oft damals Stern und Kreuz, Geburts- und Todeszeichen nahe beieinander waren; man hat so viel Aufhebens damals nicht davon gemacht; in den ›Hütten‹ gewiß nicht, und wahrscheinlich auch nicht in den Palästen, hier also wohl im Königsschloß von Kopenhagen (denn um den dänischen Prinzen hat es sich gehandelt; Wandsbek gehörte, wiewohl vor den Toren der Stadt Hamburg gelegen, damals zu Dänemark). Aber dieser Irgendwer, der hier klagt, ist eines gewiß: ein Mensch des starken Gefühls. »Will bei deinem Sarge satt mich weinen / Und die Augen rot«: man hat in jener Epoche deutlicher als in unsrer Zeit sich zu seinem Schmerz und zu seiner Freude bekannt und den unmittelbaren Ausdruck nicht gescheut. Aber nun ist es schon kein Irgendwer mehr, nun erhebt sich diese Stimme ins Persönliche: als die Stimme eines Vaters, eines Weisen, eines Boten, – eines Sehers zuletzt.

Stehe die Eingangsstrophe für sich und die oratorisch-feierliche Schlußstrophe wieder für sich (– sie hat eine Art von Kalenderberühmtheit erlangt und ist doch gewiß nicht die beste Strophe im Gedicht –), so bleiben sieben Strophen, die wir zu bedenken haben. »Nicht–nicht–sondern«: wir haben diese drei Worte gehört, und auch die magistralen Doppelpunkte, die ihnen folgen, nicht überhört; sie teilen das Gedicht so, wie ein Architekt mit gutem Gefühl für das Maß sieben durch drei teilen würde: auch er würde teilen in zwei mal zwei und einmal drei.

»Nicht: daß du dich nicht, nach Herzens-Gnüge –«: was er selbst, mehrmals, mit Frau Rebecca zusammen erlebt hat, das Sterben eines Kindes, das wird, Vater dem Vater nahe, empfunden und ausgesprochen, weil aussprechen, »sagen, was ist«, zuweilen wenigstens, des Trostes erster Teil ist. Aber nun bleibt er, kein Sohn des zwanzigsten Jahrhunderts, sondern durchaus ein Kind des achtzehnten, nicht bei der schweren Mitteilung stehen, sondern sogleich fügt sich zur

Nachricht die Deutung: »Hier ist Vorplatz nur –« Was für ein ernstes Licht fällt auf ein so nüchternes und fast unscheinbares Wort wie das Wort »Vorplatz«. Es ist ganz ein Wort des Bauernhofs, des Bürgerhauses, des Kirchspiels, des Marktfleckens; aber kaum, daß wir es so wahrgenommen haben, kiesbestreut und samstagabend-reingefegt, empfinden wir das Durchscheinend-Gleichnishafte dieses Wortes. Bei einem Dichter ganz anderer Art – einem, der Claudius gut verstanden und richtig eingeschätzt hat – bei Rilke, begegnen wir, bedeutend ganz an den Schluß eines übersetzten Textes (Gide, ›Die Rückkehr des verlorenen Sohnes‹) gerückt, dem gleichen Wort; es ist nicht unwahrscheinlich, daß Rilke die Claudiusstrophe im Ohr hatte, als er das Wort wählte, dieses Wort, das so eindringlich von unsrer Gast- und Wanderschaft spricht.

»Spät oder frühe / Gehn wir alle weiter ein«: wohin? Es wird nicht gesagt, wohin. Nur dies wird gesagt: daß alle die Kämpfe um Gesundheit, Wachstum, Habundgut, Ehre, Macht und was immer sonst – wie in eine Klammer genommen sind: »Und es lohnt sich wahrlich nicht der Mühe, /Lange hier zu sein.« Hundert Jahre nach Claudius läßt der alte Fontane seine Effi Briest kurz vor dem Tod zitierenderweise sagen »Es sei wer von einer fröhlichen Tafel abgerufen worden, und am andern Tage habe der Abgerufene gefragt, wie's denn nachher gewesen sei. Da habe man ihm geantwortet: ›Ach, es war noch allerlei; aber eigentlich haben Sie nichts versäumt.‹ Es hat nicht viel zu bedeuten, wenn man von der Tafel etwas früher abgerufen wird.«

Aber nun kommt ein zweites »Nicht«, und es ist, als rufe sich der Dichter selbst zur Ordnung; so, als hätte er ganz vergessen, was er nun doch nicht vergessen darf und will: daß es sich ja bei diesem Frühverstorbenen um einen kleinen Prinzen handelt, um ein Königskind. »Nicht: daß du des Vaters Glanz hienieden / Und sein Königreich nicht sahst«: der Königsenkel ist noch recht ferne vom Thron, aber etwas von der Würde des Auserwählten, des künftigen Königs ist doch bei ihm, und Claudius dachte von dieser Würde nicht gering. Er hatte die Französische Revolution erlebt, von ferne, hatte Wirren und Welthändel, Besatzung, Plünderung und Flucht am eigenen Leib und Leben, recht aus der Nähe denn also erfahren; und er mochte einem regierenden Herrn seiner Zeit

in Ehrerbietung und Freimut schreiben, er habe »den Untertanen einfältiges Vertrauen und unbedingten Gehorsam gepredigt«, – aber – so heißt es weiter – »ich habe dies nicht getan, um Ungerechtigkeiten das Wort zu reden und Untertanen etwas zu vergeben, sondern weil ich glaube und überzeugt bin, daß, wenn auch ein Fürst so unglücklich ist, seine Pflichten zu vergessen, der Untertan doch wohltue, die seinige zu erfüllen, und daß es einen Richter über beide gebe.« Und so denn, Untertanenverstand und Lebensweisheit in eines bündelnd, messend mit dem Augenmaß des Mannes, dem nichts groß galt als das, was gut war: »Ach, die Kronen sind nicht ohne Bürden, / Sind nicht ohn Gefahren, Kind. / Und es gibt für Menschenkinder Würden / die noch größer sind.« Da ist sein Wort, das Wort aus dem großen Abendlied, das Wort »Menschenkinder«; das biblische Wort, das auf Adams Würde *und* Adams Fall deutet, auf die Gottebenbildlichkeit und auf das »sind eitel arme Sünder« zugleich, auf den Weg unter dem Mantel und unter der Sorge Gottes. So hält er das »Bild des Würdigen« fest, ohne es im einzelnen zu deuten.
Denn nun, mit einem unüberhörbar heftigen »Sondern« einsetzend, beginnt der große Sermon von der Vergänglichkeit, drei Strophen, in einem Atemzug zu lesen, durch kein Ritardando aufgehalten, Strophen, die in ihrer bitteren Einseitigkeit fast vergessen lassen – fast, nicht ganz! –, daß sie von dem Manne stammen, der mit so viel Erdenfreude das Hier und das Heute zu rühmen gewußt hat: das schöne Taggestirn und die Saaten im Frühling, den Mond und die Sterne, die schlafenden Kinder, das Tagwerk des Mannes, die Anmut der Frau, die küsselustigen Lippen der Mädchen auch ... wie? ist das alles vergessen, nun es anhebt: »Sondern: daß wir hier ein Land bewohnen, / Wo der Rost das Eisen frißt –«: die Elemente werden bedacht und ihre Anfälligkeit für die Verderbnis; die Fundamente werden geprüft und unstabil erfunden: »Wo durchhin, um Hütten wie um Thronen, alles brechlich ist«; und dann, ohne Aufenthalt, ins Innere dringend, Menschenwege also und Menschenwesen bedenkend: »Wo wir hin auf's Ungewisse wandeln / Und in Nacht und Nebel gehn«: das ist nicht die Waldstille bei Wandsbek, nicht der »weiße Nebel, wunderbar«, sondern das Trugbild Welt, Zeit und Zukunft. »Nacht und Nebel«: irgendwann im

Zweiten Weltkrieg hat eine Banditenschar unter uns den »Nacht- und Nebel«- Erlaß herausgegeben, der das Auslöschen der Wehrlosen zum Gesetz erhob. Man wage es, dieser makabren Gedankenverbindung nachzugehen; die Texte der Dichter wohnen, wenn sie die Wahrheit sagen, mitten im Grauen der Welt.
»Nur nach Wahn und Schein und Täuschung handeln / Und das Licht nicht sehn«: »Wahn«: das ist das Hans-Sachs-Wort aus den ›Meistersingern‹; »Schein« und »Täuschung«: das sind schon die Vokabeln aus dem philosophischen Wörterbuch unseres Jahrhunderts. »Und das Licht nicht sehn«: ist das ›Ewige Licht‹ gemeint oder das ›Innere Licht‹? Das eine ist dem anderen nahe, und so sind Welt- und Wesensdunkel einander nah. Und wenn wir uns nun gleich in dieser Daseinsdämmerung einrichten »Wo im Dunkeln wir uns freun und weinen –« und die Tränen der Schattenwelt unser sind und die Freuden dieser Schattenwelt, so bleibt doch das große ›Umsonst‹ über allem stehen, schwarze Sonne über dem Land, und die dunklen ›u‹-Laute in ihrer Häufung lassen keinen Ausweg ins Helle offen: »Und rund um uns, rund umher / Alles, alles, mag es noch so scheinen / Eitel ist und leer –«: es ist die Botschaft des biblischen Predigers, das »Es ist alles eitel«; es ist der Weg durch so viele Räume im Lustschloß Erde; Truhen werden geöffnet, aber die Truhen sind leer.
Mit diesem ›leer‹ aber endet es nicht. Es ist ein unerbittlicher Sermon, der Sermon von der Vergänglichkeit, der dunkelste von allen, die Claudius geschrieben hat, er, der schon mit vierunddreißig Jahren sein erstes Asmus-Bändchen dem Tod gewidmet hatte, dem Freund Hein, dem Sensenmann: »Ihm dedizier ich mein Buch und Er soll als Schutzheiliger und Hausgott vorn an der Haustür des Buches stehen.« Geradewegs redet er ihn an: »Es läuft mir jedesmal kalt übern Rücken, wenn ich Sie ansehe –«: so steht es auf der ersten Seite jener ersten Widmung. Aber: wiewohl er ihn so nahe weiß und so bang nahe weiß, weiß er doch kraft seines Ewigkeitsglaubens dies: daß ihm so ganz das vorletzte Wort gehört – und so gar nicht das letzte Wort.
»O du Land des Wesens und der Wahrheit«: es ist das tiefe Atemholen in diesem ›O‹: so setzen die Zugvögel an zum letzten Stück ihrer Reise. Drei Strophen brauchte das Nein; in

drei Zeilen aber wird die Zuversicht jedes Nein widerrufen, wird dem Schein das Wesen, der Täuschung die Wahrheit entgegensetzen, derNacht die Klarheit, dem Ungewissen das Unvergängliche. Und wo das »alles brechlich« zu Ende geht, da beginnt das »für und für«, in das sich der neunzigste Psalm birgt als in die Gegenwart des Gottes, der unsre Zuflucht ist, »für und für«.

Ich glaube, ihn zu sehen: Matthias Claudius, Asmus omnia sua secum portans: da trägt er, ein Dichter, die Last des Wanderers, den die Welt angeht in Frage und Antwort: er, der aufmerksame Betrachter der Gegenstände, die einigen Bestand haben und die heißen: arm und reich, Mann und Frau, Mutter, Kind, Volk und Volk, Frieden und Krieg. Er sieht mit dem Blick des Freundes, mit dem Augenglas des Abschiednehmenden zugleich – und mit einer großen Einfalt.

Diese Einfalt brachte es mit sich, daß in den bald zweihundert Jahren, in denen es diese Claudiustexte gibt, der Mann und sein Werk immer wieder den wunderlichsten Verkennungen ausgesetzt waren. Wilhelm von Humboldt, Kultusminister des Königs von Preußen und Goethes Freund, ein Mann, der so viel von Gedichten verstand, daß er den Satz schreiben konnte: ›Ein gutes Gedicht überdauert ein Königreich‹ – er hielt Claudius für eine völlige Null. Aber wer erste Naivität und zweite Naivität unterscheiden gelernt hat, wer eine Ahnung davon hat, daß die Einfalt am Anfang der Wege steht *und* am Ende, auch am Ende der Wege der Kunst, der wird sich gerade bei Claudius in acht nehmen: er ist leicht zu unterschätzen. *Über*schätzt wird der und jener, *nicht* Matthias Claudius.

Freilich: im gleichen Jahrzehnt entstand noch ein anderes Lied von der Vergänglichkeit: Johann Peter Hebels ›Zwiegespräch auf der Straße nach Basel, zwischen Steinen und Brombach, in der Nacht‹ – und den Vergleich mit Hebels Gedicht, diesem unvergleichlichen Gedicht, hält unser Gedicht nicht aus. Aber wie streng und wie tröstlich zugleich geht auch dieses Lehr- und Lebensgedicht auf uns zu, das, am Sarg eines kleinen Prinzen beginnend, so weit reicht: schwer von der Erkenntnis, daß hier kein Bleiben ist, daß wir weitergehen, und ganz erhellt vom Vertrauen, von dem Vertrauen darein, daß es weitergeht.

Sieben eigene Gedichte und ein Wort dazu

Vieles spricht für das Tonband, wir zählen hier nicht auf, wie vieles – aber *eines* scheint unter seiner Herrschaft ernstlich gefährdet: die Lust, in aller Unbefangenheit zu improvisieren. Gibt es ihn noch, den Erfinder sprachgeistiger Spiele und Feste, dem es völlig genügt, wenn das Erfundene in der Luft eines Sommernachmittags ist, im Glanz eines Abends, im Gehör einiger Zufallsgäste? Einen Augenblick lang denkt auch er: schade, daß es jetzt verloren ist; aber es soll wohl so sein. Die Welt muß gerade hier nach dem Gesetz der Verschwendung leben.

Wer Rilkes Briefe kennt, erinnert sich an einen Bericht über die wenigen öffentlichen Vorlesungen, zu denen der Dichter sich hatte bewegen lassen: in der Schweiz, im Jahre 1919, hatte er in einigen Städten Vorlesungen gehalten, und er sprach davon als von einem »kuriosen öffentlichen Benehmen« und dann heißt es dort weiter: »Die Schweizer, können Sie denken, sind ein hartes und dichtes Material, es ist nicht eben leicht, sie zu penetrieren, umsomehr rühme ich mich, daß es mir im Ganzen gelang. Dies war nur möglich, weil ich mir ausdachte – ich las *nur* Gedichte – vor jeder Abteilung des Abends kleine Einleitungen, Diskurse zu halten, die ich jedesmal angesichts des Publikums aus dem unmittelbarsten Stegreif erfand; auf diese Weise war eine Basis hergestellt, auf der man ungezwungen sich verständigte, auch noch vor den einzelnen Gedichten schob ich solche Anmerkungen ein, von Mal zu Mal wars mit leichter, in Bern und Winterthur zuletzt leistete ichs mit wachster Aufmerksamkeit und hatte die Menschen in der Hand wie einen Viererzug.«

Diese Einleitungen und Diskurse hat niemand aufgezeichnet, auch wird sie niemand mehr aus dem Gedächtnis wiederherstellen können; ich denke aber an diese Situation von 1919, nun ich mich anschicke, zu sieben Gedichten von mir ein Wort zu sagen; es geschieht auf eigene Rechnung und Gefahr – aber der Wunsch besteht auch hier, ein anderes und vielleicht nicht weniger »hartes und dichtes Material« zu »penetrieren«.

Unbefangen freilich – um das Eingangswort aufzunehmen – geht hier keiner ans Werk. Wer mit sich und seiner Arbeit in dem intimen Plural lebt, von dem bei Novalis einmal die Rede ist, ruft so rasch keinen Betrachter als einen Dritten zwischen sich und sein Gedicht, und wäre dieser Dritte auch das ›Andere Ich‹. Gewiß: man hat sich zwischen Winter und Wiederwinter so weit von den eigenen Strophen entfernt, daß emotionale Zwischenfälle nicht groß zu befürchten sind... und ohnehin gilt ja der Satz: was nicht im Gedicht steht, geht niemanden etwas an. Wünsche, Träume, Vorstellungen, Deutungen – das alles ist so überflüssig wie das überschüssige Silberamalgam auf der Glasplatte der Assistentin beim Zahnarzt. Und was die von außen kommenden Fragen angeht, so weiß ich kaum, was sie bedeuten sollen – etwa diese: »Ist dies Gedicht das Ergebnis einer glücklichen Stunde oder die Arbeit eines Jahres?« Was sollen die fremden Befehle, Gebote und Verbote, diese hereingeschleuderten ›darf‹-darf-nicht‹-Sätze: »Darf man heute noch den Reim verwenden? Kann man noch antikem Versmaß folgen? Sind Metren überhaupt noch zulässig?« Oder, schärfer noch formuliert, im Angriff eines zeitgenössischen Autors: »Die Dichtung des zukünftigen Deutschland darf nichts mit dem Gemüt, nichts mit dem Blümlein, mit der Weiberlieb, mit den von Feigenblättern verdeckten Mystikern, mit Rosenstrauch und Nachtigall und mit all dem Schund aus dem lumpigen Kunstarsenal zu tun haben. Denn wer Ästhet ist, ist nichts.« – Wir hören das so, pressen die Lippen aufeinander und geraten in Zweifel, ob wir – nach einigem Besinnen – etwas wie ein »Gut gebrüllt, Löwe!« hervorbringen wollen, weil wir uns ja sehr wohl denken können, *was* der Löwe hier brüllen wollte, oder ob wir, durch dieses ›darf nicht‹ zum Widerspruch gereizt, störrisch also, nun gerade das Gemüt, die Weiberlieb, den Rosenstrauch als ›lyrikmöglich‹ verteidigen sollen, dazu die Mystiker mit und ohne Feigenblatt. Nicht zum Gedicht selbst also wird etwas zu sagen sein, wohl aber zum Hintergrund des Gedichts, zu dem, was man sein ambiente nennen könnte; es sei nun Bergluft oder Kohlenstaub, Caféhausrauch oder Leichenhausbrodem. Ich sage damit nicht, Lyrik sei etwas wie ›höhere Heimatkunde‹; das ist sie nicht – oder: wenn sie das ist, dann ist sie auch noch etwas ganz anderes; sie ist auch nicht ein ›geistiges Naturereignis‹ etwa nach der Weise, wie im Werk Thomas Manns – nach seinem eigenen Zeugnis – das heimische Meer beständig gegenwärtig ist, Meerwind und Strand und Himmelsweite. Aber soviel ließe sich sagen: in Gebilde, die ganz Geist sind, dringen Essenzen der Umwelt ein, heimlich und unaufhaltsam; also in Erinnerungsstrophen, die ich ›Lichtschatten du –‹ genannt habe, einiges, was aus einem wohlbegrenzten Bereich zukommt, aus diesem und keinem anderen. Ich mache keine geographischen Angaben, ich lasse das Wort ›Tübingen‹ aus dem Spiel, aber ich denke: *im* Spiel sei das gedämpfte Licht dieser unsrer Längen- und Breitengrade, die mittlere Kraft unsrer Flüsse, ein süddeutscher Wind, ein geheimes ›Diesseits der Weingrenze noch‹; die Vulkangründe der Schwäbischen Alb und das Geistgefüge ›Bengel und Hölderlin‹, das nicht austauschbare; also nicht das von ›Kant und Hamann‹ oder ›Claudius und Lessing‹ –

Lichtschatten du

Im halben Licht des Nachmittages
Flußaufwärts rudernd und allein –
Du Spiegelglanz der Silberweide,
Ihr vielvertrauten Häuserreihn,

Mein Fenster dort, Torhof und Leben,
Sturmweg der Nächte, Jahr um Jahr.
Sind zwei im Boot: der, der ich wurde,
Und jener Andre, der ich war?

Wie, wenn ich jetzt die Ruder schweige?
Lautlos schier treibt es mich zurück.
O grüner Strom versunk'ner Jahre,
Lichtschatten du und Wolkenglück,

Und du, aus Wassers Tiefe steigend,
Du groß Erinnerungsgewalt –
Nein. Heute. Hier. Ich seh' des Daseins
Unwiderrufliche Gestalt,

Die Stunde seh' ich, wie sie Träume
Wegweht und wie sie Wünsche stillt,
Seh' das Erreicht', das Unerreichte,
Und, fern von fern: das letzte Bild.

Sag ich dies von der Lebenslandschaft, so von der Zeit dies: keine andere Zeit kann mich sprechen machen als die, in der ich lebe; gehe ich in angemessener Weise auch nur bis zur nächsten Straßenecke, so bin ich darüber belehrt: aus *meiner* Zeit empfange ich Herrlichkeit und Schrecken, beide – und meiner Zeit habe ich zu antworten, in der Antwort der Freude und der Sorge, im Ja, im Protest. Nicht wegzudenken sind sie von unser aller Weg, die Zeilen aus Bert Brechts Gedicht »Was sind das für Zeiten, da ein Gespräch über Bäume fast ein Verbrechen ist, weil es ein Schweigen über so viele Untaten einschließt?« Aber freilich – es könnte wohl so sein, daß die Wahrheit doppelbödig ist, nein: drei- und fünfbödig. Daß wir sehr wohl unser ›Gespräch über Bäume‹ haben, haben können, über den Thujabaum aus dem Garten der Kindheit, über die Platanen aus den Wander- und Liebesjahren, über den Quittenbaum vor dem Fenster jetzt, daß aber mitten in diesem Gespräch dann die ›Chronosfaust‹ – so hat Loerke die ›Zeit‹ genannt – niedersaust; daß sie gleichzeitig sind, und gleichzeitig immer: diese Freuden der Schaukel und des zärtlichen Schweigens, *und* die Verfügungen einer Militärverwaltung und die Transportformulare Eichmanns und die Laboratoriumsberichte: »Über die Verwendbarkeit von Obstkernen zur Blausäuregewinnung« und die Rechnung an das Lager Auschwitz über die Lieferung von Zyklon B Blausäure im Wert von eintausendunddreißig Mark, 12. März 1944 – – und was sich ansah wie ein Kinderblumenkranz, wird etwas ganz anderes, und zuletzt heißt das Ganze: ›Die unablösbare Kette‹.

Als wir im Thujabaum schaukelten einst,
Weißt du noch, Bruder,
Und die Mutter rief unsre Namen hinauf
In den Baumwipfel, Bruder,
Dachte sie wohl, daß Streit uns erwarte,
Denn auch sie, die Tapf're,
Wußte zu streiten –
Süß war, mild noch und nahe der
Apfelbaumduft um Jakobi,
Bitter des Nußbaums Arom.
Tisch und Bank war bereit,
Vieles lernen die Knaben:
Sprachen und Länder und Zeit
Und den pythagoreischen Lehrsatz.
Einen Lehrsatz noch nicht:
NUSSBAUMHOLZ IST GUT FÜR GEWEHRSCHÄFTE.

Später dann, die Platanenallee,
Und wir führten die Nachen,
Ausruhend jetzt, in das grüne
Dunkel am Hölderlinturm.
Eure Stimmen waren mit uns:
Rahel, Susanne –
Eure Namen:
Rahel, Susanne –
Heiter dir, Bruder – doch mir
Bang und flüsternd geliebt.
Schöne, vorläufige Namen. Und
Keiner hatte uns wissen lassen
DEN DEFINITIVEN SAMMELNAMEN ANNE FRANK.

Aber jetzt, wenn das Quittenbaumlaub
Noch im Novemberlicht uns
Seligkeit gaukelt und Glück,
Unschuld der Kreatur –
Wem gehört diese letzte,
Die vergessene Frucht
Dort in der Krone?
Rahel, Susanne, Bruder im Thujabaum –
Jetzt freilich würgt am Halse sogleich die

Unablösbare Kette:
BAUMFRUCHT FRUCHTKERN KERNHAUS
BLAUSÄURE AUSCHWITZ.

Aber nun weitergefragt: ist das ein Muß – *muß* die Zeit im Gedicht sein? Antwort: nein, sie muß nicht. Es kann dem Gedicht, heute wie gestern, genug sein, eine reine, ruhige Landschaft des Lebens zu beschwören, etwa den Beginenhof in Brügge. Der Bannfluch des strengen Zeitgenossen – wie hatte er geheißen? »Wer Ästhet ist, ist nichts.« Aber ›Aisthesis‹ – das ist die Wahrnehmung, ist das Innewerden. Die Zeit kann auch als die lautlose Zeit – lautlos wie das Erblühen der Sternnarzissen – die allmächtige Zeit sein, und es gibt den Augenblick, in dem die Stunde stillsteht: gestern, heute, und der letzte Tag – sie sind nicht zu unterscheiden.

Im Beginenhof

Laß mich nur erst durch die Pforte,
Und ich will den Weg schon finden,
Diesen Weg im halben Lichte
Unter streng gestutzten Bäumen
Im Beginenhof zu Brügge
Wiesenein.
  Und eingedenk,
Daß ich hier vor vielen Jahren,
Vielen Leben schon gewesen,
Mit Franziskus und Clarissa,
Mit der Mutter, mit dem Mädchen –

Rings im Gras der Frühlingsfrühe
Stehn die weißen Sternnarzissen,
Büschelweise. Ihrer sieben,
Ihrer dreißig hier und hundert.
Milde, grüne Seligkeit.

Geh' ich jetzt, so komm' ich wieder,
Wenn die Glocke Vesper läutet –
Drei Uhr, heil'ge Todesstunde –
Und die Schatten fallen ein.

Und ich wage nicht zu atmen,
Und ich denke: dieses will ich –
Gib mir Gnade, Gott! – am Ende,
Ganz am Ende dies noch sehen,
Wenn ich nichts sonst mehr erkenne.

›Beschwörung‹ – das heißt: Flüchtiges anrufen, daß es verweile; Ferne und Nähe vertauschen, Gestern ins Heute mengen: Franziska und Clarissa, Mutter und Mädchen. Oder auch: König David und Abisag, die Magd; Jonathan und Saul, das Wurzelwerk der Geschichte, geheimnisvoll verschlungenes Gewirk wie im Wurzel-Jesse-Altar von Xanten am Rhein, und nicht anders in den biblischen Visionen von Marc Chagall: da einer sein Gestern bedenkt, Erwählung und Bewahrung, und schon sieht das Morgen durch die Fenster, das Übermorgen – und die Ferne, die messianische Verheißung zuletzt:

Davids Traum

Wohin, die mich trug und erhellte,
Welle des Lebens, wohin?
Erblinden die Spiegelsteine ringsum
Oder schwindet mir selbst schon der Sinn?
Ob ich die Gesellin mir wecke
Die Magd aus schlaftrunkenem Wahn?
Schlaf, Abisag – o, daß du wachtest,
Mein Bruder Jonathan!

Lang, lange. Wie, daß sie mich riefen,
Den Jüngsten, den Knaben vom Feld?
Und ein Königsschild hieß mir das Leben,
Eine Harfe – die Welt.
Dann freilich, dann war es ein Anderer,
Der mir zu Hilfe kam,
Und der vor dem Speerwurf des Königs Saul
Gelind mich zur Seite nahm.

Ich war der Gesalbte in Israel,
Der Heilige – war ich nicht.
Meine Jahre Leben, ich schaue sie an,
Und ich sehe ein dunkles Licht.
Ach, und das Feuer, das Feuer,
Das ich fachte, das mir geschah –
Name, weißgleißendes Holzscheit:
Uria und Bathseba.

Vorbei. Vorbei auch der Feldschlacht
Jubel und Ruhm und Pein.
Gedenk' ich der Höhen Gilboas,
Gedenk ich, Jonathan, dein.
Die rote Blüte der Aloe,
Fühlt sie den Morgenwind schon?
Bald, durch den Vorhang der Frühe, bald
Tritt ein mein Erbe, mein Sohn.

Vorüber. Aber die Sterne
Am immerwährenden Ort.
Aus den Sternen kommt Sternengeraune,
Aus dem Geraune das Wort
Verheißung, Isais Lenden,
Meinem, dem Königsstamm –
Ich träume: ein Blachfeld im Dunkeln
Und ein Hirt und ein Licht und ein Lamm.

Was nun die Form des Gedichts angeht, und die so dringlich gestellten Fragen nach Avantgarde oder Arrièregarde, nach Vorhut oder Nachhut, Überlieferung und Neuwerk – sind es nicht eigentlich doch etwas langweilige Fragen? –, so lasse ich mich – für mich selbst – auf keine andere Antwort ein als auf die: daß ich nicht weiß – und auch nicht wissen will, *wie* dem einzelnen Gedicht seine Form zufällt, diese Form diesem Gedicht und dem anderen Gedicht die andere... Ich sehe nicht ein, warum der alte Helena-Zauber nicht mehr in Kraft sein soll: »Und hat ein Wort zum Ohre sich gesellt, / Ein andres kommt, dem ersten liebzukosen...« warum nicht Reimstrophe und reimloses Gedicht nebeneinander Platz haben, so gut wie bei Goethe der ›Gesang von Allahs

Namenhundert‹ neben dem ›Dir zu eröffnen / Mein Herz verlangt mich‹ stehen konnte, oder Brechts ›Kranichlied‹ neben den ›Fragen eines lesenden Arbeiters‹. Da sind nun zwei Selbstgespräche am Fenster der Nacht, zwei gleiche Texte – so könnte man fast sagen, aus ganz verschiedenen Zeiten stammend: ich habe keine Antwort auf die Frage, *warum* das eine, das sehr viel ältere Gedicht so Räume und Zeiten durchmessen mußte, um dem einfachen ›Nicht an mich‹ – Kontur zu verleihen, und warum im zweiten Gedicht alles Leben sich ins Gehäuse zurückzuziehen scheint und nicht *mehr* preiszugeben wünscht als ein stenographisches Kürzel, eine Chiffre, einen Indikativ aus Scheu und Verzicht: »Die Platte ist hart.« Fremd, gewiß: fremd kann einem im Lauf der Zeit vieles, was einmal vertraut war, werden; sehr fremd zum Beispiel ein feierlicher Tonfall, ein besonderer Fund, eine Bordüre am Teppich, ein Wort wie ›kredenzt‹ oder ›Leidgebärde‹ . . . aber auch das Vorgestern will ich nicht verleugnen.

Nicht an mich

Nicht an mich, ihr sehr geliebten Freunde,
Hängt das Herz auf dieser Wanderschaft,
Nicht kredenzt mir in dem glühnden Becher
Der Betörung bittersüßen Saft.
Diese drei allein erheischt mein Wille:
Werk und Schlaf und jene Himmelstille,
Die der Vogel nur, der frühe singt,
Die der Lerchenjubelruf durchdringt.

Ist ein Land – sagt nicht des Landes Namen,
Land Atlantis nicht und Avalun,
Laßt die Könige an ihrer Tafel,
Perlenfischer auf den Inseln ruhn.
Hier ist, wo wir wohnen, Tränenerde,
Liebe ›Abschied‹ heißt und ›Leidgebärde‹,
Hier geht, Freunde, gut, wer viel verschweigt,
Herz dem Herzen nur von ferne zeigt.

Aber dort, ihr sehr geliebten Freunde,
Sind die hier Getrennten ganz vereint.
Land, du Land, du über allen Namen –,
Steuermann, sag, wann das Land erscheint:
Euer Herz dort an mein Herz zu hängen,
Und mein Herz an euer Herz zu drängen.
Und die Fernen und die Tränen schwer
Sind nicht mehr.

Nachts, nach vielen Briefen

Alle die Brotkrumen, die
Eben noch meinen Schreibtisch bedeckten,
Sind, ich merk es, verschwunden,
Weiß kaum wohin.

Nun sage ich: Vorsicht!

Stoßt euch die Schnäbel nicht wund,
Ihr lieblichen Picker.
Die Platte ist hart.

Zuletzt will ich mich zu keiner anderen Maxime bekennen als zu dem strengen Satz Mallarmés, daß Gedichte, »nicht aus Gefühlen, sondern aus Worten« gemacht werden, will den *Kunstmacher*, den artifex, einen Ehrennamen heißen, den *einen* erstrebenswerten Titel; was nicht im Wort da ist, ist überhaupt nicht da. Auch die Interpunktionen – der ordnende Doppelpunkt, das gute Komma, der nicht ungefährliche Gedankenstrich, um diese drei nur zu nennen – haben, nüchtern betrachtet, keine andere Kraft als die des Pausenzeichens zwischen den Worten.
Hinzuzufügen bleibt: daß jedes Wort in einem Gedicht zusammenhängt mit allem Wort, das einer schreibt, genauer noch: daß sich hier alles Einzelne einem Zusammenklang mit dem Ganzen entgegendrängt. Dabei sind ganz verschiedene Kräfte am Werk: Neugierde und Ungeduld; die Treue, die zu bewahren weiß, und die Kraft, zu vergessen. Aber die Dichte eines einzelnen Gedichts wird mitbestimmt von dem Maß, in

dem diese Einheit sich verwirklicht. Und förderlich ist hier nur, was für den, der sich müht, »wahr ist in ihm selbst« (dies eine Prägung von Kierkegaard); weswegen es denn auch das Urteil über ein Gedicht geben kann: »Das ist, so scheint mir, ein geglücktes Gedicht; aber ich weiß nicht, ob es wirklich *Ihr* Gedicht ist.«

Jeder, dem es um das Gedicht zu tun ist, erfährt: sein Gedicht kann immer nur *einen* Augenblick Leben aufnehmen. Und jeder wünscht, es möchte sich dieser Augenblick deuten lassen als – nicht als ein Ganzes, aber doch als das reine Teil eines Ganzen, so, daß im Teil sichtbar wird des Schreibenden Maß – sein Ungestüm oder sein Gemessen – und Gewicht, – sein Leicht, sein Schwer, am Ende sein ›Leicht und Schwer‹. Dergleichen wurde nun auch hier angestrebt. In solchen Wunsch geheimnist einer nicht weniger hinein als die Chiffre seines Lebens, die Grundformel, die man nicht begründen kann. Man kann sie nur für den eigenen Weg wahr sein lassen.

Leicht und schwer

Wer hieß dich mit Worten tanzen?
Wer erlaubt' dir die Vokabel,
Die vom Großen spricht, als wär es
Fast ein Vorschlag nur, ein Anklang,
Gleich dem Spiel auf Kreidestrichen,
Das die kleinen Mädchen üben,
In der Frühlingssonne hüpfend,
Himmel, Hölle – und nicht mehr?

›Weil ich schwer bin,
Weil es schwer ist,
Fürchte ich den Zorn der Schwere,
Ihrer Rache Schwergewicht.
Und ich höre dem, der Rat gibt,
Gleichnisrede liebend Rat gibt,
Höre seiner Rede zu:
Großes Wort ist fremder Schneepfad –
Diesen Schritt noch, und beim nächsten
Sinkst du ein, und kein Zurück mehr –

Denk's – und: wenn du liebst, sei leicht!
Sing, spricht der, den ich nicht schelte,
Spiel', verbirg, verkleid', verklein're
Und vertrau': noch durch den Vorhang
– wärs der Abendposse Vorhang –
Wird das Große, das Geheimnis,
Wird die Wahrheit offenbar.‹

Über das Gedicht:
Die Apfelschälerin

Einiges kam zusammen: Eine alte, gutgewachsene Liebe zur holländischen Malerei des großen, goldenen Jahrhunderts, nicht nur zu den Königen, zu Rembrandt und Vermeer, sondern auch zu den vielen Prinzen dieser Epoche; eine gewisse Weihnachtsbilder-Müdigkeit – und dann die Abendstunde in der Universität, in der ich mir selbst etwas wie ein Versprechen abnahm.
Eine Studentenschaft hatte mich aufgefordert, mit ihr nachzudenken über den spannungsreichen Doppelstand ›Der Christ als Künstler, Der Künstler als Christ‹. Es war schon mitten im Vortrag, ich war gerade bei der Frage: wie sieht der Künstler, der ein Christ sein möchte – ich vermeide durchaus die Prägung ›der christliche Künstler‹ – den Menschen, wie sieht er ihn nicht? Wie geht er ihn an, was bedeutet das für ihn, daß er sich unablässig zu erinnern hat an die zwei Worte, die über Christus gesagt sind: »Er wußte, was im Menschen war« und »Ihn jammerte des Volks?« Was ist das: dieses Auge ohne Augenlid, dieser unaufhörlich eindringende Blick, dem der Traum verboten ist, ein Blick, der dann doch nichts vom ›bösen Blick‹ an sich hat und auch nichts von Bitterkeit? Und ich sagte zu den Studenten: um das, was dieser Menschenblick meint, wirklich zu verstehen, müßten wir vielleicht das Fest der göttlichen Menschwerdung, Weihnachten also, in einer neuen Nüchternheit begehen, in der wir uns dispensieren von Schalmeien, Hirtenbildern und Engelsflügeln, in der wir der Schongauer- oder Altdorferseligkeit Urlaub geben. Und dann kam: wenn ich Redactor wäre, dann würde ich in die Mitte meiner Christfestbeilage einmal ein ganz weltliches Bild setzen und zugleich mich anheischig machen, den Betrachtern gerade daran das »Et incarnatus est« – »Und Er ist Mensch geworden« – auszulegen. Die Wahrheit ist genau,

und die Feste werden nicht durch die Schluderei der Gefühle, sondern durch die Wachsamkeit des ganzen Menschen wirklich zum Fest. An einem Bild wie der ›Apfelschälerin‹ das Pieter de Hooch müßte sich das zeigen lassen.
Der Vortrag ging dann seine eigenen Wege weiter, aber der Widerhaken saß mir im Fleisch; und es gab keine Ruhe, ehe nicht der Versuch, ein Versuch in Versen, zustande gekommen war.

Die Apfelschälerin

»Die Engel sind sehr fern. Von Lautenspielern,
Von der Schalmei der Hirten weiß ich nicht.
Befohlnes Fest ist unerwünschte Störung,
Ich lobe mir die Türe, die sich schließt –
Und will doch Weihnacht:
nicht den flüchtgen Schein,
Doch jenes Immer: INCARNATUR EST.
Sprich, wenn du kannst – doch sprich von Hier
und Heute!

Und wenn ich doch ein altes Bild dir wiese?
Zuweilen, denk, ist ›alt‹ dem ›immer‹ nah –
Und was vorzeit und fern in Amsterdam
Pieter de Hooch gemalt, das... nein, hör zu:

Sie sitzt dem Fenster nahe, halb im Licht
Des Nachmittags, und es ist spät im Jahr,
Das Feuer, sieh, ist im Kamin entzündet.
Die Äpfel sind vom Baum. Hier sind die Äpfel.
Und hier ist sie, die Apfelschälerin,
Die Mutter hier im Haus mit ihrem Kind.
Ansehnlich sind sie, prächtig schier gekleidet:
Schau, wie sichs fügt: der weiße Pelzbesatz
Zum schwarzen Tuch, zum ziegelroten Rock –
Und wie sichs reimt: dies Ocker, Braun und Blau,
Dies Fast-zu-ernst für dieses Mädchens Jahre.
Des Kindes rechte Hand hält einen Apfel,
Die Linke aber streckt sich nach der Schlange,

Die niederringelt von der Mutter Messer:
Die Apfelschale.
  Eva nocheinmal.
Nocheinmal Paradies – Frage und Antwort.
Und Frag und Antwort, beide, eingesenkt
In dieser Mutter undeutbaren Blick:
Ob – so gewiß Angst, Tücke und Verrat
Den Spalt im Fenster hier, den Eingang finden –
Ob Bürgschaft nicht bestehe, Pfand der Treue:
Dies sei die Welt, von Ewigkeit besucht,
Und insgeheim erlöst – und unverloren
In Ewigkeit.

Geh in dies Bild, du, der du Weihnacht willst.
Hier ist noch Platz. Rasch findet sich ein Schemel.
Ein Messer ist zur Hand. Bist du geschickt?
Das Kind wird dir den nächsten Apfel reichen.
Gib acht: nicht, daß sie dir zerbricht,
die Schale –«

»Et incarnatus est«: er ist, Mensch zum Menschen, gekommen, es gibt das Interesse der Ewigen Liebe an dem Menschen, wie er ist. Das heißt – wenn wir die Linien ausziehen –: es gilt, ihn zu verstehen mit seinem Leben und mit seinem Lebenszweifel, mit seiner guten Abneigung gegen alles Tun-als-ob (»Befohlnes Fest ist unerwünschte Störung«) und mit seinem, vielleicht nur halb eingestandenen Verlangen nach einer Wahrheit, die uns trägt, wobei unbeschwichtigt bleiben soll die Unruhe aus Lessings Erkenntnis, daß historische Wahrheit nicht in sich selbst schon »Wahrheit für uns« sein kann: »Sprich, wenn du kannst, doch sprich von Hier und Heute.«

Diese Anrede will Antwort. Aber nun begegnet dem »Hier und Heute« ein »Alt und Immer«: der Ungeduld stellt sich ein Bild aus einer unsrer Zeit ganz fernen Sphäre, aus dem stillsten Jahrhundert der niederländischen Malerei.
»Und was vorzeit und fern in Amsterdam / Pieter de Hooch gemalt –«: Eine Stadt wird genannt, und der Name eines Malers wird ausgesprochen; nicht, um den Sinn sogleich an

Konkretes zu binden, sondern viel eher, um der Phantasie die Möglichkeit zu geben, in größeren Zusammenhängen zu denken. »Amsterdam« ist ausgesprochen, aber Delft und Haarlem drängen sogleich nach; Pieter de Hoochs Name ist genannt; aber rasch fällt uns auch Ruisdael ein, van Goyen, Ostade und Terborch: vor uns ersteht eine Welt der großen Himmel, der Wolken, der feuchten Seewinde; Backsteinhäuser dann, Hausgärten, Innenräume, Mahlzeit und Musik und Spiel und Schelmerei; bis mit einem »Nein, hör zu« den Streifzügen ein Ende gesetzt wird und die Beschreibung des einen Bildes beginnt.

Von außen nach innen dringend, auf die eine Mitte zugehend: So wird die Zeit gesagt und der Raum, die Dinge, die Farben dann; das Kind zuletzt, der Mutter nah – und doch nicht eigentlich ein Stück von ihr. Auf manches kostbare Detail muß verzichtet werden, aber das offene Fenster ist zu bedenken. Nirgends in der niederländischen Malerei dieser Epoche – so lassen uns die Kunsthistoriker wissen – gibt es einen völlig geschlossenen Raum; immer dringt Außenwelt ein, hier im Lichtreflex, im Goldton der Luft und anders noch.

Zum Kind gehören die Paradiesesreminiszenzen, eine Frucht, die ausgestreckte Hand, der Blick einer kleinen Eva. Die eine Mitte aber: das ist das Angesicht der Mutter, und von hier aus, von »dieser Mutter undeutbarem Blick« aus, wagt sich nun die Besinnung auf einen eigenen Weg. Außenwelt bedeutet zweierlei zugleich: »Angst, Tücke und Verrat« und »Licht von Ewigkeit« und beim zweiten ist der letzte Sieg. Mag dann auch das Apfelschalengeringel »Schlange« genannt werden, Züngeln der Verführung, so wird doch hier, in der Welt so großer Geborgenheit weiterzudenken sein, wie die Weihnachtsstrophe weiterdenkt: »Bricht den Kopf der alten Schlangen / Und zerstört der Höllen Reich.«

Aber das ist nun freilich nicht mehr eindeutig im Bild; dergleichen zu denken, ist die Arbeit des Betrachters.

Wartet dieses Bild auf den Betrachter? Ich meine: Nein. Diese holländischen Bilder sind zwar im höchsten Maß ›anziehend‹, aber sie sind zugleich so völlig mit sich beschäftigt, so gänzlich unneugierig, so nicht im mindesten gefallsüchtig. Sie ziehen keinen, der hier sehen will, in ihren Bann. Der Betrachter bleibt frei. Aber wenn sich einer auf ein Bild wie dieses Bild ernstlich einläßt, dann kann er auch ein Stück von jener verwandelnden Kraft erfahren, von der es in den chinesischen Malermärchen heißt: »Zuletzt legte der Meister den Pinsel weg und ging in das Bild hinein.«

Für uns hieße das, da hier ein Dialog zu schließen war, in der Angelus-Silesius-Weise gesprochen: »Freund, es ist nun genug. Im Fall du mehr willst lesen / so geh und werde selbst die Schrift und selbst das Wesen.« Oder also: »Geh in dies Bild, du, der du Weihnacht willst«: du wirst erfahren, wie dich diese ruhige, gleichwohl heimlich gefährdete Welt annimmt. Sie nimmt an – und sie will angenommen werden. Zauberlist und Geschicklichkeit sind nicht gefordert, und die Hangleiter der Heiligkeit ist nicht zu erklimmen. »Hier ist noch Platz. Rasch findet sich ein Schemel. Ein Messer ist zur Hand«: Nichts ist gemeint als dieses einfache Zurstellesein. Genug, wenn der, der hier teilhaben möchte, nicht ganz täppisch zugreift: »Gib acht: nicht, daß sie dir zerbricht, die Schale –«; genug, wenn einer nicht mürrisch sich verschließt, wo ihm ein Zeichen gegeben wird.

So fängt man sich an seiner eigenen Angel. Der Freund freilich sagte: »Nichts gegen den Sinn deiner Strophen, und natürlich nichts gegen Pieter de Hoochs herrliches Bild; aber was den Zusammenhang angeht, so hast du dich, glaub ich, verbiestert.«

Ich kann dazu nichts sagen. Höchstens dies: ich wünschte, es wäre nicht so.

Eine Auskunft, Goethe betreffend

»Auf die Gefahr hin, daß Sie mich, noch ehe wir recht miteinander gesprochen haben, aufgeben, sage ich Ihnen meine Not – Not ist ein etwas zu feierliches Wort: man hat uns in die letzten großen Ferien vor der Matura entlassen mit dem Auftrag, uns mit einem Werk Goethes zu beschäftigen und nachher Rechenschaft darüber zu geben. Sie werden sagen, es sei großzügig, die Aufgabe so allgemein zu stellen und das ist wahr. Aber da blättre ich nun her und hin und finde nichts, was mich ganz unmittelbar anrührt.«

Ich werde Sie nicht aufgeben. Ich werde mich auch nicht zur Allgemeinrede verleiten lassen, sondern ganz konkret drei Vorschläge machen, gehen Sie immerhin damit um.

Ich rate Ihnen, unter den frühen Gedichten Goethes drei oder vier Stücke wieder und wieder zu lesen, den ›Ganymed‹, die ›Seefahrt‹, ›An Schwager Kronos‹ – und ›Mahomets Gesang‹. Sie sind nicht ganz leicht zu finden, Goethe selbst hat eine merkwürdige Ordnung in seinen Gedichten gestiftet, aber Sie *werden* sie finden, und Sie werden eine Morgenluft darin atmen, die ist mit nichts, was es sonst auf der Welt zu atmen gibt, zu vergleichen – und führen Sie stracks zum Jungfraujoch hinauf. Worte werden Sie finden, »ahndevoll« und »Gesundheitsblick« und »Bruderquellen«; Visionen, die ein einziges Zeitwort erweckt »– Und dem Schlaf entjauchzt uns der Matrose«: Verschränkungen sind da, eine heißt »umfangend umfangen«, Bewegungen und Gegenbewegungen, feierlich und leicht zugleich, diese etwa:

> »Mit dem Schiffe spielen Wind und Wellen;
> Wind und Wellen nicht mit seinem Herzen«

– Sie können sich stellen, wie Sie wollen, Sie können sich alle Bilder eines unnahbaren Geheimrats vor Augen rufen –, ein einziges schon von diesen vier Gedichten wischt Ihnen jede verkümmerte Vorstellung zur Seite, und Sie sind mitten in der lauteren Größe.
Und es könnte sein, daß Sie, auf welchem Wege auch immer, persönliches Schicksal überfällt, Sorge für einen nahen Menschen, Verantwortung der Liebe, wir wissen ja nicht, in welcher Stunde uns dergleichen anrührt. Dann schlagen Sie ein einziges Lied auf, ein Gebilde, das fast in nichts diesen großen Hymnen zu gleichen scheint; ein Volkslied beinahe, und doch kein Volkslied, sondern Goethes Lied, die Strophen, die er ›Gefunden‹ überschrieben hat, Sie kennen sie längst:

»Ich ging im Walde
So für mich hin.«

Es wird Ihnen mit dem Lied gehen, wie es einem mit einer Mozart'schen Melodie gehen kann. Man hört sie und sagt sich: das ist nun das Einfachste, was man sich denken mag, das Kunstloseste, wie man meinen möchte, eine Tonfolge, auf einem Dreiklang aufgebaut, durch eine Quart, eine Sext erweitert, ein kleiner Übergang ist da, ein Vorschlag vielleicht, die Auflösung eines Achtels in zwei Sechzehntel – nicht mehr: und doch – unvergeßlich, unvergleichlich. Mozart. Auch hier, in dem Gedicht, ist nicht mehr.

»Soll ich zum Welken,
Gebrochen sein?«

Aber es ist wie der Urlaut des schutzlosen Lebens aller Erde.

Endlich: Sie sollten, nachdem Sie die ›Iphigenie‹ gelesen und am besten doch wohl gesehen haben, die letzte Seite dieses Werkes noch einmal in der Stille lesen. Gewiß: auch die Leichenfelder aus Shakespeares Fünften Akten sind aus der Wahrheit, und wie sehr aus der Wahrheit die großen Aktionen Schillers sind, das ist uns gerade jetzt wieder neu zum Bewußtsein gekommen. Aber dies: wie da diese drei Menschen auf der Bühne stehen, Iphigenie, Orest und Thoas; die Priesterin, der vom Wahnsinn Geheilte, und der wilde König – und wie es da von dem argen »So geht« aufsteigt zu dem »Lebt wohl« – wie die beiden ersten Worte nur eben Worte unsrer Menschennatur sind, die letzten aber Worte unserer höheren Bestimmung, und wie zwei mal zwei Worte genügen, um diesen oberen Rang wirklich und glaubwürdig zu machen – das ist über alles Begreifen groß.

»Dann schwellt der Wind die Segel sanfter an –«

sagt Iphigenie, ganz zuletzt. Wenn das Wort ein Wein ist, schwer und stark, – dergleichen Trank wird nicht oft auf Erden kredenzt. Aber er wartet auf Sie.

Schiller, von nahem gesehen

Wir beide, Sie, verehrte Freundin, und ich, werden kein Schillerjubiläum mehr erleben; das nächste, bald nach der Jahrtausendwende (›Jahrtausendwende‹, was für ein Wort!), werden unsre Großsöhne gestalten; es ist schön, zu denken, *daß*, wenn überhaupt in diesem Jahr 2005 unser Planet noch sein lebendiges Leben trägt, *dieses* Jubiläum gefeiert werden wird: wie vieles sonst vergessen und wesenlos sein wird, dieser Mann wird nicht vergessen sein. Aber nun haben Sie mich ja gebeten, Ihnen jetzt, ganz ohne äußeren Anlaß, eine intime Schillerfeier zu bereiten, eine, in der den großen Worten ›Freiheit‹ und ›Würde des Menschen‹, den ›Idealen‹ Urlaub gegönnt ist, in der uns vielmehr die Gestalt des Dichters nahe kommt. Ein Dichter – ich kann es nicht besser sagen als mit Ihren Worten – hilft uns auf unsrem Weg am entschiedensten durch das, was er, Mensch unter Menschen, vom Menschen verstanden hat: die Ideen sind die Wolken, die ihn umkreisen, beschützend oder bedrohend; er selbst ist mehr als dieses Gewölk.

Ich möchte Ihnen, wo vieles zu zeigen wäre, drei Zugänge zeigen.

Das Jahr sollte nicht zu Ende gehen, ohne daß Sie nicht ein- oder zweimal ein Schiller'sches Drama auf der Bühne gesehen haben, ›Maria Stuart‹, ›Kabale und Liebe‹, ›Don Carlos‹ oder auch den ›Tell‹, am Ende gar – um das Höchste zu nennen – den ›Wallenstein‹. Es sei nun, welches es sei: einige Erfahrungen werden Ihnen in jedem dieser Dramen fast auf gleiche Weise zuteil. Eine Strömung ist da, die ist mächtig vom ersten bis zum letzten Satz, vom ersten bis zum letzten Vers, eine Strömung, die Ihr Boot mitnimmt: Sie müssen in keinem Augenblick fürchten, auf eine Sandbank zu geraten. Es mag sein, daß Sie nicht alle Zusammenhänge gleich verstehen, und

manches wird Sie vielleicht auch fremd anmuten; aber dies: wie der Mensch zwischen die Mahlsteine der Mächte kommt, wie er darin in Gefahr gerät, und wie er zuletzt, und wärs im äußeren Untergang, innerlich triumphiert, die Erfahrung also, daß es auf den Menschen, auf den einzelnen, auf seine Bereitschaft zum Aushalten und zum Überwinden ankommt, diese Erfahrung springt Ihnen entgegen mit der ganzen Gewalt des Lebens und des Feuers. Sie sind im Theater, bei einem Schaustück sind Sie, aber zugleich sind Sie bei dem, was Ihrem eigenen Leben zugehört, bei den Anfechtungen der fremden Welt und bei den Mächten der innersten Zuversicht.
Und dann sollten Sie eine Gelegenheit suchen und finden, um wieder einmal mit Schillers Gedichten umzugehen, vielleicht finden Sie bei Ihren Kindern eine Ausgabe oder doch eine Auswahl: lassen Sie sich durch eigene Schulerinnerungen nicht beirren, sondern lesen Sie so, als läsen Sie zum erstenmal. ›Die Kraniche des Ibykus‹, ›Das Lied von der Glocke‹, den ›Spaziergang‹, und als das schönste von allen Schillergedichten das Gedicht vom ›Glück‹. Es sieht auf den ersten und auf den zweiten Blick so aus, als hätte das für uns, die Menschen eines nüchternen, technischen Jahrhunderts, nur mehr Museums- und Altertumswert, aber da trügt der erste und der zweite Blick. »Nur ewigen und ernsten Dingen / Sei ihr metallner Mund geweiht« heißt es von der neugeweihten Glocke: wenn Sie auf Ihrem abendlichen Heimweg ein Glockengeläut überrascht, so fühlen Sie's, und es ist heute, wie es gestern war und wie es immer sein wird: daß diese Stimme Sie wegruft vom Kleinen, vom Vergänglichen, vom Gewöhnlichen und vom Kargen – und dieser Dichter hat es Ihnen mit Vollmacht so gesagt.
Und zum dritten – und diese Dritte ist vielleicht das Wichtigste –: Sie sollten mit gesammelter Sorgfalt von Zeit zu Zeit eines von den Schillerbildnissen, die auf uns gekommen sind, betrachten. Unsere Denkmäler aus Stein und Erz stehen ja, man kann's nicht beschönigen, recht verloren auf den Märkten unsrer Unruhe, und wir wagen nicht zu fragen, wieviel Blicke solch ›gesammelter Sorgfalt‹ Danneckers Schillerdenkmal im Gang der Zeiten empfängt. Wir mögen uns an ein Bildblatt halten und lesen, was darin zu lesen ist. Wie da einer aus der Bedrängnis ins Große, Weite und Freie hinausge-

stürmt ist, von nichts anderem gerufen als von dem inneren Bewußtsein seines Auftrags an die Welt. Wie er die Widerstände zur Rechten und Linken wohl wahrnimmt, wie er ihnen aber nicht erlaubt, das Feuer zu dämpfen, das in ihm brennt. Wie dieses Antlitz da ist, und in jedem Augenblick seine Umgebung zur Entscheidung aufruft, zu Ja und Nein, zu Für und Wider, zu Freundschaft und zu Widerstand, und an beidem hat es diesem Dichter nicht gefehlt. Ein paar Türen sind ihm aufgegangen: die nach Mannheim, wo seine ›Räuber‹ ihren ersten Triumph feierten, die nach Jena dann, wo er ein vielverehrter Lehrer der Geschichte wurde, die zu Goethes Haus in Weimar und auch – zu Goethes Herz. Freunde gab es; das Glück eines Hausstandes und das Glück mit Kindern; Ruhm, Antwort aus vielen Bereichen der Welt, die Verehrung der Besten seiner Zeit. Aber wie ist das andere zu übersehen: die Mühe, die Armut, der Zwang der Verhältnisse, die Krankheit – und Krankheit wurde die beständigste Begleiterin des Weges. Alles, was erreicht wurde, wurde als ein ›Trotzdem‹ erreicht, als ein Sieg des Geistes über die Widrigkeit der Natur, als ein Sieg des Genius mitten in der Flucht der Tage. Schillers Stunde ist die Stunde der Morgenröte nach durchwachter Nacht.
Im sechsundvierzigsten Lebensjahr hieß ihn der Tod schweigen: mitten im Mannesleben also, in einem Augenblick, in dem andere sich erst anschicken, ihr eigentliches Wort zu sagen. Sollen wir versichern: das seine war gesagt? Es steht uns nicht zu, über das zu urteilen, was der Unablässig-Vorandrängende noch gesagt und gestaltet hätte. Genug, daß wir uns aneignen, was er gestaltet hat. Die Zeitgenossen und wir, die Nachfahren, – keiner kann die Vorstellung vom ›Bruchstück‹ haben im Anblick von Schillers Werk. Immer ist es die eine Vorstellung, die er aufruft, die, für die es kein anderes Wort gibt als das Wort: Größe.
»Mein Schiller, mein herrlicher Schiller« – so hat einer, der an ihm gelitten hat, Hölderlin, sich spät noch, in den Jahren seiner Umnachtung, wieder und wieder vernehmen lassen, und auch Ihnen, ich bin dessen gewiß, wird das Wort Goethes nach dem Herzen sein, das er, Schillers gedenkend, im hohen Alter gesprochen hat, – wir sprechen es aus der Entfernung von mehr als hundertundfünfzig Jahren nach, ein Wort der Dankbarkeit: »Ich kann, ich kann den Menschen nicht vergessen.«

Erinnerung an Uhland

Nach seinem Tod – er starb am 13. November 1862 in Tübingen, der Stadt, in der er am 26. April 1787 geboren wurde und auch den größten Teil seines Lebens zugebracht hat – schrieb jemand: »Ach, was haben wir verloren, das Gewissen Deutschlands.« Und schon dreißig Jahre vorher, in dem allerletzten Gespräch Goethes, von dem uns Bericht zukam durch Eckermann, war ausdrücklich von Uhland die Rede, und der Ton einer fast väterlichen Wärme, Sorge und Liebe – die Liebe galt dem Balladendichter Uhland, nicht dem Lyriker – ist nicht zu überhören: »Geben Sie acht: der Politiker wird den Poeten aufzehren. Mitglied der Stände sein und in täglichen Reibungen und Aufregungen leben, ist keine Sache für die zarte Natur eines Dichters. Mit seinem Gesange wird es aus sein, und das ist gewissermaßen zu bedauern. Schwaben besitzt Männer genug, die hinlänglich unterrichtet, wohlmeinend, tüchtig und beredt sind, um Mitglied der Stände zu sein, aber es hat nur *einen* Dichter der Art wie Uhland.« Und ein Menschenalter nach seinem Tod begegnen wir seinem Bild, und nur diesem einen Bild, an einem Ort, an dem man es nicht sogleich vermutet: im Sterbezimmer Bismarcks. Man wußte von ihm: es gibt kaum einen wesentlichen Memoirenband im Deutschland des 19. Jahrhunderts, in dem nicht an irgendeiner Stelle auf ihn die Rede kommt. »Das gute, schüchterne Männchen« – so hat ihn die Droste auf der Meersburg gesehen; Fr. Th. Vischer dagegen: »Was machte der Mann für einen prächtigen, unbarmherzig stummen Holzbirnenkopf hin.« Die eigene Ahne, die in ihrer Jugend den und jenen aus der Epoche noch kennengelernt hat – von Schwab und Pfizer erzählte sie, von Justinus Kerner –, von Uhland konnte sie mir nur das Bild eines ernsten und sehr schweigsamen Mannes zeichnen, der in einer nachdenklich-

bescheidenen Manier die Teetasse in der Hand hielt und selten ein Wort in die Unterhaltung warf.
Unser Jahrhundert, das in seinem Anfang zu Hölderlin, in der Mitte dann zu Mörike einen ganz neuen Zugang gefunden hat, hat es mit dem spröden, scheinbar so geheimnislosen Uhland schwer.
Es kann keine Uhland-Renaissance im vollen Sinne des Wortes mehr geben. Aber die Essenz seines Daseins ist ein unveräußerliches Gut der Nation, ein wertvolles Gut – und ihr denken wir nach.
Er stammte aus einem der altwürttembergischen Gelehrtenhäuser, der Großvater war Stiftsephorus gewesen, der Vater Universitätssekretär. Früh schon, in den Jahren um 1805, von der Heidelberger Bewegung, von Brentano und Arnim beeinflußt, wurde er zusammen mit Kerner, Mayer und Schwab einer der geistigen Väter jener ›Schwäbischen Romantik‹, die später von Heinrich Heine so zersaust wurde. Er studierte Jura, wurde nach einem kleinen Intermezzo im Staatsdienst Advokat, dann Landtagsabgeordneter und 1829 Professor für deutsche Literatur an der Heimatuniversität. Im Mai 1820 hatte er sich mit Emilie Vischer verheiratet und dabei, die Geschichte hat dieses Beispiel von Pflichttreue behalten, vor und nach der Trauung die Landtagssitzung besucht. Im Jahr 1833, als ihm von der Landesregierung der erbetene Urlaub zur Ausübung eines neuen Landtagsmandats verweigert wurde, erbat er seine Entlassung aus der Professur und erhielt sie mit dem unfreundlichen Vermerk »sehr gerne«: sie mochten einander nicht, die Landesregierung und der Dichter, der als Abgeordneter, und als Mann des Wortes überhaupt, beide recht gut kannte: das Ja und das Nein. Er lebte hinfort als Privatgelehrter in Tübingen, arbeitete an einer Sagenkunde, an Studien über Walther von der Vogelweide, und nur das Jahr 1848 rief ihn dann noch einmal in die hellste Öffentlichkeit; er vertrat seinen Wahlkreis in der Paulskirche in Frankfurt am Main; sein Votum gegen den Ausschluß Österreichs und gegen das Erbkaisertum wurde viel beachtet, und der Schlußsatz seiner zweiten Rede ging ein in das Bewußtsein der Nation: »Glauben Sie, es wird kein Haupt über Deutschland leuchten, das nicht mit einem vollen Tropfen demokratischen Öles gesalbt ist.« Er hat das traurige Ende bis hin zur

Auflösung des Rumpfparlaments in Stuttgart miterlebt und von da an der Entwicklung zugeschaut, nicht ohne kritisches Wort und nicht ohne Gram: als man ihm, Jahre danach, von Berlin den Orden Pour le mérite anbot, da lehnte er ihn ab, versichernd: »daß es mir – nach dem Schiffbruch aller nationalen Hoffnungen, auf dessen Planken auch ich geschwommen bin, nicht gut anstünde, mit Ehrenzeichen geschmückt zu sein«.

Die Gedichte Uhlands erschienen im Jahre 1815 zum erstenmal, und dieser Band, dem ein langsamer, aber inständiger und anhaltender Erfolg zuteil wurde, enthielt schon zwei Drittel von Uhlands dichterischem Werk; einige der berühmtesten Stücke sind ausgesprochene Jugendwerke (›Die Kapelle‹, ›Schäfers Sonntagslied‹; auch das Lied vom ›Guten Kameraden‹, von dem das schöne Wort eines Dichters aus Schwaben, das Wort Martin Langs, gilt: dieses Lied sei das eigentliche deutsche ›Denkmal vom Unbekannten Soldaten‹); der ›Taillefer‹ steht dort und die ›Eberhardsballaden‹, die in Schwaben aus Schultagen jedermann kennt. Seine beiden Dramen dagegen – ›Ernst, Herzog von Schwaben‹ und ›Ludwig der Bayer‹ kennt heute kaum noch die ältere Generation: aber drei große Balladen – ›Das Glück von Edenhall‹, ›Die Bissadoabrücke‹ und ›Bertran de Born‹ sollten wir rühmen als Meisterwerke ihrer Gattung, auch wenn uns die Gattung selbst ein wenig fremd geworden ist.

Was die Lyrik Uhlands betrifft, so sind es zuweilen nur noch einzelne Zeilen und einzelne Strophen, die ganz unmittelbar mit uns leben. Der Lebenskreis dieses Dichters war nicht breit, auch wenn er sich im Geistigen auf vielen Feldern ruhig, sicher, mit großem Kunstverstand zu bewegen wußte. Er hat die Kräfte der Verneinung nur selten für sein Schaffen fruchtbar gemacht; aber sein Geheimnis ist: daß er im Einfachsten das Höchste anzurühren vermochte. Oft ist es wirklich nur das Fenster einer einzelnen Zeile, durch das wir in unvergeßliche Landschaft der Seele blicken. »Es blüht das fernste, tiefste Tal« – das ist (aus dem ›Frühlingsglauben‹) so eine Zeile. »Als knieten viele ungesehen / und beteten mit mir« eine andere; »– so ganz, als wollt' er öffnen sich« eine dritte (aus ›Schäfers Sonntagslied‹). Oder es ist *eine* Strophe in einem Gedicht, etwa in der ›Überfahrt‹, in der an zwei tote

Freunde gedacht wird, die Strophe: »Doch, was alle Freundschaft bindet, / ist, wenn Geist zu Geist sich findet; / geistig waren jene Stunden, / Geistern bin ich noch verbunden.« Und von zwei ganz in sich geschlossenen Stücken, von der Strophe *Heimkehr:* »O, brich nicht, Steg! Du zitterst sehr. / O, stürz nicht, Fels! Du dräuest schwer. / Welt, geh' nicht unter, Himmel, fall nicht ein, / Eh' ich mag bei der Liebsten sein!«, und von der aus einem der letzten Lebensjahre stammenden Strophe ›Auf den Tod eines Kindes‹ würde ich sagen: diese zwei Gedichte verliert unser Sprachgut so wenig wie die höchsten Stücke von Mörike und Hölderlin: »Du kamst, du gingst mit leiser Spur, / Ein flücht'ger Gast im Erdenland; / Woher? Wohin? Wir wissen nur: / Aus Gottes Hand in Gottes Hand.«

Er starb einen zu ihm gehörenden, einen ›eigenen‹ Tod: als im Februar 1862 Justinus Kerner, der älteste Freund, gestorben war, da nahm der 75jährige Uhland die Winterreise nach Weinsberg und den Gang ans Grab auf sich; dort, so heißt es, habe er sich den Keim zu der Krankheit geholt, der er neun Monate später erlag. Suchen wir nach Worten, die in zusammenfassender Kürze den Mann und das Werk kennzeichnen, so bieten sich gleichermaßen zwei an. Das eine, das uns besonders auch der Blick auf die Totenmaske eingibt, ist ›Noblesse‹; wir müssen beim Fremdwort bleiben, weil es sich nicht mit allen Ober- und Untertönen verdeutschen läßt. Das andere ist ein deutsches Wort, fast unübersetzbar deutsch. Es heißt: Treue.

J. P. Hebel, Hausfreund und Hausherr

›Hausfreund‹: so hat sich der Dichter selbst genannt in seiner Eigenschaft als Kalendermann, als Herausgeber des *Rheinischen Hausfreunds.* In dieser Eigenschaft ist er berühmt geworden: gleich zu seiner Zeit, und erst recht jetzt, hundertfünfzig Jahre nach seiner Zeit. Jetzt lesen auch die Japaner in ihrer Sprache die schönen Geschichten vom Herrn ›Kannitverstan‹, vom ›Zundel-Frieder‹, vom ›Schneider in Pensa‹ und das ›Unverhoffte Wiedersehen‹, die Geschichte vom Bergwerk von Falun, von der Ernst Bloch, der Philosoph, kühnhin gesagt hat, sie sei »die schönste Geschichte der Welt«. Hausfreund: der Name steht ihm wohl an; er sagt etwas Richtiges über sein Grundverhältnis zu Welt und Leben.

Die biographische Notiz lautet: am 10. Mai 1760 geboren in Basel, armer, frommer Leute Kind, früh vaterlos, halb in dem kleinen Dorf Hausen im Wiesental daheim und halb im vornehmen Basel, vom dreizehnten Lebensjahr an auch ohne Mutter; dann Schüler in Karlsruhe, Theologiestudent in Erlangen, eine Weile Hauslehrer im Markgräfler Land, Präzeptor in Lörrach, danach im Kirchen- und Schuldienst in Karlsruhe – und das ein Leben lang. Subdiakonus, Hofdiakonus, Professor, Kirchenrat, Direktor, Prälat: die ganze Stufenleiter der Würden ging es mit ihm hinauf. Das einzige, was er selbst wirklich gern geworden wäre, nämlich Pfarrer in seiner Markgräfler Heimat, das zu werden war ihm nicht vergönnt. Gestorben ist er 1826 während einer Inspektionsreise in Schwetzingen; dort ist sein Grab.

Ein Hausfreund sein – das heißt: zugetan sein, offenstehen. Was hier offenstand, war eine reiche und grundgesunde Natur. Grundgesundheit: das ist nun freilich nicht gleichbedeutend mit pausbäckiger Biederkeit. Wer das große Gedicht von der *Vergänglichkeit* auch nur einmal mit ganzer Seele gelesen oder gehört hat, kann Hebel nie mehr so mißverstehen; Grundgesundheit heißt nur: daß die Kräfte des Geistes und des Herzens bewacht wurden, daß sie sich im Gleichgewicht zu halten wußten, in einer heiter scheinenden und doch von einem tiefen Ernst durchwirkten Ordnung. Der Hausfreund ist gesellig; er liebt das Freundesgespräch, die Pfeife und einen Schoppen Markgräfler Wein, in Hebels Fall auch: das Kaffeehaus, das Billardspiel dort, und das Theater. Aber der Hausfreund ist auch einer, der wieder weiterzugehen weiß. Mit einer Landsmännin im engeren Sinn, mit Gustave Fecht, hat er ein ganzes Leben lang Briefe getauscht – aber aus Gustave Fecht ist dann doch keine Gustave Hebel geworden: dieser Hausfreund weiß, was Verzicht ist und wie Abschied tut. Aber was er an verborgener Stelle, im ›Spaziergang am See‹ seinen Doktor sagen läßt, das glaubt er für sich selbst, fest und gewiß: »Alles Schlimmste« – heißt es dort – »ist nur Bürgschaft für das Beste« – und: »Die erhaltenden und rettenden Kräfte überwiegen im großen und ganzen immer die zerstörenden.«

Aber nun fügen wir zum Bild des Hausfreundes das Wort vom Hausherrn, und beziehen uns dabei auf eine Stelle aus dem ›König Lear‹, auf die Anrede Kents: »Ihr habt etwas in eurem Wesen, das ich gern ›Herr‹ nennen möchte.« »Was ist das?« fragte der König in seinem Elend, und die Antwort lautet: »Hoheit.« Dieser Johann Peter Hebel behielt lebenslang im Ohr, was ihm die Mutter einst im Wiesental bei vielen Gelegenheiten gesagt hatte: »Peterli, zieh's Chäppli ra – 's chummt a Härr!« Die Herzenshöflichkeit, die »die Kappe ziehen‹ konnte, als er selbst längst ein hoher Herr geworden war, Mitglied der Ersten Kammer, Ritter des Ordens vom Zähringer Löwen und wasnichtnoch, ist sein Teil geblieben; aber es war das Teil eines *Herrn.* Und was wir hier von seinem Leben und Wesen sagen, das gilt ebenso für sein Werk. In dem Haus, in dem sein Werk wohnt, geht er umher als einer, der Hausherrenrechte hat.

Was ist das für ein Haus? Ein Haus, das im Dorf steht, in freier, offener Landschaft. Alle Winde haben Zugang, die milden und die stürmischen. Ein Garten ist da, und das Gartenjahr kommt in dieses Haus: als Farbe, als Duft, als Freude, als Arbeit. Und im Haus selbst sind alle Räume wohl

eingerichtet: die Schlafkammer der Eheleute und die Kinderstube; das Wohnzimmer von Friede und Streit für Werktag und Sonntag. Die Ausgedingstube der alten Leute, ein wenig Bitterkeit und mancherlei Güte. Die Küche der Armut und auch die des freundlichen Wohlstands; der Keller ist da und das Fäßlein im Keller. Und Fenster gibt es und Türen: man sieht hinaus und man geht hinaus. Das will heißen: es gibt Nachbarschaft, gute und böse. Und die Straße führt vorbei, und man weiß, wohin sie führt. Man kennt die nahen Städte, Schopfheim und Lörrach und Freiburg. Aber in Freiburg ist die Welt nicht zu Ende. Von Mailand ist die Rede, von Kopenhagen, Paris und Amsterdam, von den Türken und von den Russen. Auch gibt es den Himmel über diesem Haus: die Fixsterne und die Planeten, die Kometen, die sich zeigen im Gang eines Jahres, und alles Leben der Immerwiederkehr: den Mondwechsel und den Hagelschlag und die Gewitter. Und den »Herrn Himmels und der Erden« gibt es über Hebels Haus. Aber dieser Hausherr ist nicht sehr redselig, wenn auf den Herrn Himmels und der Erden die Rede kommt. Er, der Theologe, ist weltlicher als der weltliche Matthias Claudius, und er ist ganz ohne den strengen Eifer des Jeremias Gotthelf. Er verschiebt die Maßstäbe nicht, aber er versteht Spaß. Das Böse wird auch bei ihm böse geheißen, böse und nicht gut, aber in einem Winkel seiner Augen sitzt etwas wie Liebe zu seinen Spitzbuben und Tunichtguten.
Fragte man mich: was ist das Besondere an Hebels Prosa, so würde ich am liebsten antworten: das Besondere ist, daß es hier nichts Besonderes gibt. Der Duktus dieser Geschichten, die jeweils eine oder drei oder fünf Druckseiten einnehmen, ist völlig unangestrengt; er ist scheinbar mühelos. Freilich: dieser Schein trügt; wir kennen die Manuskripte nicht, und wenn wir sie kennen würden, gäben auch sie keinen Aufschluß über den Umfang der Vorarbeit, die hier geleistet wurde. Genug, daß wir die fertige Arbeit sehen, die vollendete Arbeit: hier ist kein Adjektiv zum Vorteil der Geschichte durch ein anderes zu ersetzen, und kein Wort ist hier zu streichen: die berühmte Aufzählung im ›Unverhofften Wiedersehen‹ darf um kein Kettenglied kürzer sein, (– »und die französiche Revolution und der lange Krieg fing an, und der Kaiser Leopold der Zweite ging auch ins Grab. Napoleon

eroberte Preußen und die Engländer bombardierten Kopenhagen, und die Ackerleute säeten und schnitten...«) aber auch die Kürze ist bei Hebel nicht karg. Ein Hauch von Mündlichkeit, mehr: etwas Leibhaftiges ist immer da: Rede und Gegenrede, Pause und Zögern, Lächeln und Ernst sind an ihrem Platz; unverwechselbar wird so das unscheinbarste Gebild, etwa dieses, das er ›Teures Späßlein‹ genannt hat:

> Man muß mit Wirten keinen Spaß und Mutwillen treiben, sonst kommt man unversehens an den Unrechten.
> Einer in Basel will ein Glas Bier trinken, das Bier war sauer, zog ihm den Mund zusammen, daß ihm die Ohren bis auf die Backen hervorkamen. Um es auf eine witzige Art an den Tag zu legen und den Wirt vor den Gästen lächerlich zu machen, sagte er nicht: ›Das Bier ist sauer‹, sondern ›Frau Wirtin‹, sagte er, ›könnt ich nicht ein wenig Salat und Öl zu meinem Bier haben?‹ Die Wirtin sagte: ›In Basel kann man für Geld alles haben‹, strickte aber noch ein wenig fort, als wenn sie's wenig achtete, denn sie war eben am Zwickel. Nach einigen Minuten, als unterdessen die Gäste miteinander diskutierten und einer sagte: ›Habt ihr gestern das Kamel auch gesehen und den Affen?‹, ein anderer sagte: ›Es ist kein Kamel, es ist ein Trampeltier‹, sagte die Wirtin: ›Mit Erlaubnis‹, und deckte eine schneeweiße Serviette vom feinsten Gebilde auf den Tisch. Jeder glaubte, der andere habe ein Bratwürstlein bestellt oder etwas, und ›es ist doch ein Kamel‹, sagte ein dritter, ›denn es ist weiß, die Trampeltiere sind braun‹. Unterdessen kam die Wirtin wieder mit einem Teller voll zarter Kukümmerlein aus dem markgräflichen Garten, aus dem Treibhaus, fein geschnitten wie Postpapier, und mit dem kostbarsten genuesischen Baumöl angemacht, und sagte zu dem Gast mit spöttischem Lächeln: ›Ist's gefällig?‹. Also lachten die andern nicht mehr den Wirt aus, sondern den Gast, und wer wohl oder übel seinen Spaß mit zehn Batzen fünf Rappen Baseler Währung bezahlen mußte, war er.

Nur zwei Jahre lang – es war ein Jahrzehnt *vor* der Kalendermanns-Zeit – war es ihm gegeben, Gedichte schreiben zu können, die er, mit ganz wenigen Ausnahmen, in seiner alemannischen Mundart schrieb, – und er war weise genug, die Muse, die ihm einmal nahe war und *so* dann nicht mehr nahe, nicht zu sich zu zwingen. »Der Geist« – so heißt es in einem späten Brief, der dieser Zeit gedachte – »der damals über mir schwebte, ist beschrieen, und ich fürchte, verschwunden. Es ist ein heiliger Geist von eigner Laune, der mit keinen Pfingst- noch Christglocken herbeizuläuten ist, wenn er nicht selber kommen will.« Aber dieses einemal denn hatte er kommen wollen, und die zwanzig, dreißig Gedichte kennt man seither, jedes einzelne für sich mit seiner Überschrift. Ihr berühmtester zeitgenössischer Rezensent, Goethe, hat gesagt, der Dichter habe in ihnen »das Universum auf die anmutigste Weise verbauert«; und wirklich: Mond, Gestirn, Matte und Berghang, Arbeitstag und Feierabend, ja Zeit und Ewigkeit werden gespiegelt im Wasser der kleinen ›Wiese‹ bei Schopfheim, und der Ton dieser Gedichte hat gar nichts mit den hübschen Anakreonspielen des Jahrhunderts zu tun, und sehr viel mit den Gesängen des Homer:

> Der Tag verwacht im Tannewald, er lüpft
> alsgmach de Umhang obsi; s'Morgeliecht,
> es rieslet still in d'Nacht, und endli wahlt's
> in goldne Strömen über Berg und Tal.
> Es zuckt und wacht an allen Orte; s goht
> e Lade do und dört e Hustür uf,
> und s'Lebe wandlet use frei und froh.

Nicht in jedem Augenblick kann unser Bewußtsein die hundertfünfzig Jahre überspringen, die uns von Hebel trennen. Aber bei jeder Wiederbegegnung mit dem ›Unschätzbaren Mann‹ braucht es keine Stunde, um wieder ganz bei ihm daheim zu sein. Sein Werk macht keinen Lärm, und es braucht keinen Trommler, der zu seinen Gunsten Lärm macht. Der Ton ist leise, aber unüberhörbar: wie der Ton der Wahrheit.

Mörike

Anfänge

»Wir drei Brüder Karl Eberhard, Eduard Friedrich und August Mörike versprechen uns gegenseitig, die Pflichten, die wir als Brüder auf uns haben, einander treu zu erfüllen, die Liebe in allen Lagen unseres Lebens zu erhalten, und, wenn der Tod uns trennen wird, einander auch noch im Grabe und in der Ewigkeit zu lieben.« Dies ist der Paragraph I einer Urkunde, in der drei Ludwigsburger Doktorssöhne – zwanzig-, dreizehn- und zehnjährig –, durch ihres Vaters Tod sonderlich nah zusammengerückt, alles erdenklich Wünschenswerte und Tugendsame einander zugeloben.
Jugendversprechungen, Jugendwünsche, Jugendhoffnungen, da noch alle Zukunft verhangen ist! Verhangen ist, daß der eine, der Älteste, Karl Mörike, sein Heil im Kameralvertum suchen und in julirevolutionärem Aufbegehr nicht finden wird; daß August, der Jüngste, der hier noch ganz ungelenk unterzeichnet, schon siebzehnjährig zum Sterben kommt. Verhangen auch, was für ein Leben dem Eduard Friedrich in der Mitte zugeteilt werden sollte: von den Schatten der Gewöhnlichkeit, wie sie das Leben des älteren Bruders umfingen, nicht unbeschattet, von den Schauern des Todes, der den Jüngsten hinwegnahm, nicht unbedrängt. Krankheit würde das ihre in diesem Leben vermögen, und in den Ahnungen der Dichter ist viel vom Tod. Aber dem Tode nicht und nicht der Gewöhnlichkeit würde dieses Leben anheimfallen. Es würde ein eigenes Leben werden. Wir haben zu zeigen, was für eines.
Das Schriftstück freilich, dieses mit einem Datum aus dem Jahre 1817 versehene Liebeswort, von des Ältesten Hand geschrieben, zeigt noch keine eigene Eduard-Mörike-Spur;

wohl aber deutet es in die erste Zeit seines Lebens hinein, und die schöne Begeisterung für das Geziemende erhellt eine Welt der Ordnungen und des bürgerlichen Maßes, und Bericht, Brief und Überlieferung bestätigen dieses Bild.
Da ist Karl Friedrich Mörike, der Vater, ein vielbeschäftigter und vielbelesener Landvogteiarzt, in dessen Taschenkalender die Namen der Dörfer um Ludwigsburg her eingezeichnet sind: Dienstag in Oßweil, Donnerstag in Großingersheim; dahinter liest man dies und das von besuchten Patienten. Am Samstag, den 8. September 1804, aber unterbricht sich die Krankenliste durch folgenden Eintrag: »gebar mir meine Frau einen starken Sohn. Die Geburt war gut und erfolgte mittags halb zwölf Uhr.«
Und da ist Dorothea Mörike, eine geborene Beyer, aus einem Pfarrhaus stammend, heitere Gefährtin eines schwerblütigen Mannes, Märchenerzählerin ihrer Kinder, Frau Aja im Kleinen; eine behende, geistig bewegliche Frau, der ihr Sohn vom Tübinger Stift aus – und dann muß es ja wahr sein – das Zeugnis gibt, daß sie Briefe schreibe »wie ein Professor«.
Da ist Ludwigsburg, Soldaten- und Bürgerstadt und halbverlassene Nebenresidenz. Für das Blickfeld des Knaben Eduard Mörike hieß das: Schloß, Schloßpark und Schloßherrschaft, wobei freilich die Überlieferung weiß, daß ihm der Umgang mit der Schloßherrschaft, der Auftrag, Prinzgespiel zu sein, wenig nach dem Sinn gewesen ist. Wenn aber die Mutter ihm von Feuerwerk und Mummenschanz, Mozarttanz und höfischem Spiel aus den Herzog-Karl-Eugens-Zeiten berichtete, so war's für ihn lautere Gegenwart, und bei Ritt und Parade lief er, jüngster Husar, in silberbetreßter Uniform durch Markt und Gassen mit. Bis er dann im frühen Abend heiß und noch immer ungestillt nach Hause kommen mochte, auf den Dachboden kroch und bei einer Kerze die Nacht erwartete; das war sein liebstes Spiel. Und alle Schatten des Einsamen und Ahnungsvollen, des Heimlichen und des Unheimlichen waren schon hier vollkommene Schatten.
Ob ihn denn seine Mutter nicht gesucht, gefunden, geholt und ins Bett gesteckt habe, möchte da einer wissen. Nun, es ist – wir vergaßen's eingangs zu sagen – viel geboren und gestorben worden in diesem Hause; Eduard war das siebente unter dreizehn Kindern, die allerdings nicht alle heraufwuch-

sen, einige starben in ihrem ersten Lebensjahr: da konnte die Mutter unmöglich für jedes Kind zwei Augen haben; und, was den Vater angeht, so weiß es der Sohn aus der Erinnerung heraus ausdrücklich zu sagen, daß er kaum je einmal direkt miterziehend auf ihn eingewirkt habe. Es war dann freilich trotzdem dafür gesorgt, daß der schöne blauäugige Träumer sich nicht ganz in Schlupfwinkel und Verborgenheit verlor; die Geschwister sorgten dafür, und »Eduard, erzähl!« hat es von frühesten Tagen an geheißen. Und so erzählte er denn; heute noch Grimms Märchen ›Tischlein deck dich‹, ›Jorinde und Joringel‹ und ›Von einem, der auszog, das Fürchten zu lernen‹, morgen aber schon Mörikes Märchen und Geschichten: zwei Astlöcher in der Wand galten ihm dabei als die Tore zu guten und bösen Geistern. Im Erzählen lockte er die ewigen Dichterlüste am Fabulieren ins erste eigene Morgenlicht, zugleich aber verscheuchte er mit dem kindlichen Dienst wer weiß welche Dämonen. Wenn es ein Glück ist, Geschwister zu haben und durch Geschwister gehalten zu sein, so ist es für junge Poeten doppeltes Glück.

Und schließlich ist da die Schule: Lesen, Schreiben, Heimatkunde, Naturkunde und Rechnen, und dieses Rechnen wenig geliebt. Wenig geliebt überhaupt diese Ludwigsburger Schule, die gleiche, die Justinus Kerner besuchte und auf der Friedrich Theodor Vischer und David Friedrich Strauß glänzten. Seine Sache war es nicht, zu glänzen. Unaufmerksam aus Aufmerksamkeit wird er oft genug dagesessen sein, jäh aufgerufen und zuweilen gescholten. Ein hellsichtiger Präzeptor aber fragte ihn dann wohl in seine tiefbeschäftigte Abwesenheit hinein: »Büble, von welchem Brückle hast jetzt wieder nunterguckt?«

Dem Tode des Vaters gingen zwei schwere Leidensjahre voraus, die ihre Schatten auf Eduards Kindheit legten. Zugleich aber begann in dieser Zeit die Kraft sich in dem Knaben zu entwickeln, deren der Mann Mörike sich später besonders zu versehen hatte, die Kraft, mit Verdüsterungen zusammenleben zu können. Und auch nachdem sich für den Halbwaisen in Stuttgart eine neue, großräumige Heimstatt im Hause seines Onkels, des Präsidenten Georgii, aufgetan hatte und das Gymnasium illustre seinen geistigen, starken Atem dem Zärtling zuzumitteln begann, blieben die dunklen Stimmen,

von denen ein späterer Brief bedeutungsvoll redet, beständige Begleiter seines Weges. Der kecke Zugriff aus dem Lebenstag der jungen Königsstadt, das Männerkegelspiel im Hause Georgii – sie konnten es nicht ändern, daß der Knabe Mörike tumb und frumb beiseitestand überall dort, wo es allzu laut und scharf hin- und widerhallte, daß er heimisch sich fühlte nur im eigensten Bereich: die Astlöcher waren in der Ludwigsburger Wand geblieben, aber das Puppentheater war mitgegangen, und der hier wie Genoveva wisperte und wie Golo drohte in wohlverteiltem Stimmenklang, das war derselbe, der anderntags im Schulhof würdige Professoren der illustren Anstalt auftreten ließ; und wie es hier die Mitschüler sind, die heiter bewundernd den Mimen umstehen, so fünfzig Jahre später Fanny und Marie, die eigenen Kinder, und sie bezeugen: »Der Vater kann aber so nett mit den Docken spielen, man sollt' ihm nur eine anschaffen und seine Studiereien wegtun.«
Freilich besteht man mit solchen Fähigkeiten keine Schulprüfung und zumal das berühmte Landexamen nicht, die Aufnahmeprüfung für die theologischen Seminare, zu der in Württemberg seit alters vierzehnjährige Humanistenlichter wetteifernd aufeinanderstoßen. Es galt als ausgemacht, daß Eduard sich auf das geistliche Amt vorbereite. Die Mutter und der Onkel Georgii hatten es so beschlossen, und der Knabe hatte nicht nein gesagt. Nun, das Examen kam heran, Mörike fiel durch, auf dem Gnaden- und Gastwege aber wurde er dann doch noch aufgenommen in die Schar der Auserwählten, die für vier Jahre Wohnung, Atzung und Ausbildung in einer von den alten Klosterschulen frei hatten, und so kam denn am 27. November 1818 Mörike in das neubezogene Seminar Urach. Die Räume, in die mit diesem Tage vierundvierzig Alumnen – die Promotion genannt – eingezogen, hatten dreihundert Jahre zuvor den Auszug der »Brüder vom gemeinsamen Leben« gesehen, eines unter Graf Eberhard im Bart hier angesiedelten und zu Herzog Ulrichs Zeiten aufgehobenen Reformordens. Danach hatten sie wechselvolle Verwendung gefunden, zuletzt sogar als Fohlenstall; nun sollten hier – wie in Maulbronn, Blaubeuren und Schöntal – junge Theologen wohnen, und Mörike, den wir jetzt leichthin Urachs berühmtesten Schüler heißen mögen,

ist unter den ersten, die, von neuem »Brüder vom gemeinsamen Leben«, hier aufwachsen dürfen.
Nicht als Leuchte unter Leuchten. Er hat zwar durch die vier Jahre des obergymnasialen Kurses sich recht und schlecht durchgeschlagen und des Hexameters feierliche Sechsfüßigkeit aus Homer und Virgil in Geist und Geblüt übernommen nebst den Maßen und Weisen von Catull und Theokrit. Auch ein Nachschreibeheft von der Auslegung des Propheten Nahum hat sich erhalten. Mit des Nahum Sprache freilich kam er nicht völlig zu Streich, denn

> »nächtlich erschien mir im Traume mein alter
> hebräischer Lehrer –«

so ging es ihm ein Menschenalter später noch nach:

> »und von der Stirne mir troff examinalisches Naß.«

Die Schulzeugnisse bekunden, daß er bei »gutartigem Charakter«, »mangelnder Aufmerksamkeit« im Fleiß nicht »zweckmäßig genug« gewesen sei. Zuletzt taucht sogar kurz und trocken das Prädikat »nachlässig« auf. Sei's drum! Wir würden ihn auch mit »ungenügend« – Mörike heißen.
Gleich in den ersten Wochen seiner Seminarzeit mußte er wegen eines Scharlachfiebers die Krankenstube beziehen. Bei solchen Krankheiten im Knabenalter wächst, man weiß es, nicht nur der Leib ins Ungelenk-Schmächtige hinein, hier entwickeln sich auch, von äußeren und inneren Fiebern erweckt und begünstigt, zarte, schöne und gefährliche Anlagen des Herzens. Damals machte Hartlaub, der später sein Urfreund hieß, die erste wahre Bekanntschaft mit Mörike, und sein Bericht gibt den Eindruck wieder, den der Genesende auf ihn machte: »Als er besucht werden dufte, strömten die Mitschüler in den Freistunden zu ihm. Wundershalber ging ich auch einmal mit. Aber wie ward mir! Mit hundert Scherzen erfreute und unterhielt er den Haufen um sich her, jedoch nichts Gewöhnliches kam aus seinem Munde. Den heitersten Sonnenschein verbreitete sein Wesen, in dem es jedem sogleich wohl wurde.«
»Nichts Gewöhnliches kam aus seinem Munde.« Da hat

Hartlaub dem Freunde ins Herz gesehen. Und wo immer wir dieses Leben hinbegleiten, in wieviel Gewöhnlichkeit und Verdüsterung, Versuchung und Verzicht, dieses Wort darf beständig gelten: »Nichts Gewöhnliches kam aus seinem Munde.«

Erheiterndes vielmehr und Erwärmendes, Frühreifes und Kindliches in eigentümlicher Reinheit gemischt. »Das viele Gute« – schreibt er an seine Mutter –, »das Du mir über Augusts Lage schreibst, erkennt er gewiß selbst auch an, und wir haben Ursache zu hoffen, daß sein gutes Herz ihm nie erlauben wird, seine Bestimmung und das Ernste aus den Augen zu verlieren.« Aber dann auch: »Dein lieber Brief, der an Inhalt und Umfang nichts zu wünschen übrig läßt, freute mich ungemein. – Vorgestern erhielt ich die Schachtel von Bernhausen wieder zurück, mit vortrefflichem Kirschkuchen angefüllt und von einem lieben Briefe von Klärchen begleitet.«

Dieses Klärchen – das müssen wir hier einfügen – war Mörikes Base und Jugendliebe, ein Pfarrerstöchterchen vom Lande, wie es im Buche steht, das ihm, zu ihrer beider Glück, frühzeitig den Abschied gab: in dem Gedicht ›Erinnerung‹ lebt ihr echtes Kinderbildnis fort, mehr brauchen wir von ihr nicht zu wissen.

So sehen wir ihn denn wachsen: von Augen- und Ohrenleiden früh versehrt, aus einer Erkältung in die andere fallend, von empfindlicher und wohl bald schon hypochondrischer Konstitution, aber dann doch durchaus kein Griesgram; sein Hüttchen Sorgenfrei unter dem Eppenzillfelsen bauend und mit »frommem, rotem Kerzenschimmer« erhellend, zweispännig in einer Chaise nach Tübingen fahrend; freundestrunken, Goethe lesend und Klärchen verehrend; mit der Mutter durch eine fast ritterliche Beziehung, mit Luise, seiner älteren Schwester, in einer »mehr als brüderlichen Neigung« verbunden. »Mehr als brüderliche Neigung« verbindet Theobald Nolten und seine Schwester; und wenn wir gleich gut tun werden, nicht alles, was der ›Tag aus Noltens Jugendleben‹ schildert, in die Uracher Tage hineinzugeheimnissen, so ist doch die tiefe Bindung an diese zarte, zu frühem Tod gezeichnete Schwester Luise bezeugt. Sie war es auch, die, noch in Ludwigsburg, eines Tages dem Brüderchen Goethes ›Götz‹ zugesteckt und die erste Goethe-Begeisterung in diesem entzündlichen Knabenherzen hervorgerufen hatte.

Wie freilich inneres Leben wächst – wer ergründet's, wer registriert's? Was wir wahrnehmen können, das sind doch immer nur die Reflexe nach außen hin, und wer will sagen, ob nicht das die tiefsten Anstöße sind, die zunächst gar keine sichtbare Wirkung tun. Wer will ermessen, wie genau die Seele, die ihrem Sterne folgt, die notwendigen Erfahrungen und Begegnungen innerlich vorbereitet, ja vorwegnimmt, so daß das Ereignis, wenn es dann eintritt, nur mehr bestätigen kann, was der innere Mensch schon lange gewußt, erwogen, erlitten hat? Gerade für ein so scheinbar ereignisloses, undramatisches Leben wie das Leben Eduard Mörikes gilt die Erkenntnis, daß die verborgene Gestalt des seelischen Lebens nicht nur die wichtigere, sondern in jedem Fall auch die früher wirksame ist, eine Erkenntnis, zu welcher aus den Fragmenten des Novalis Mosaik um Mosaik zusammengetragen werden kann.

Diese Fragmente des Novalis, dazu Shakespeare und Goethe, Jean Paul und Hölderlin, wurden Mörike, dem hierfür Wohlvorbereiteten, zum erstenmal in größerem Umfang zugebracht von Wilhelm Waiblinger. Waiblinger, Altersgenosse Mörikes, ein frühreif-leidenschaftlicher, dunkelgefährdeter Mensch, übte – weil ja das Dunkle in der Welt stärker ist als das Lichte – auf Mörike einen ersten mächtigen Einfluß aus. »Daß ich Ihnen, seitdem ich von Ihnen gehört, im stillen zugetan war«, lautet das Bekenntnis Mörikes aus seinem ersten, mit »Verehrter Freund« überschriebenen Brief an Waiblinger; »geküßt von deinem Mörike« heißt es dann schon im zweiten, und »nachmittags«, wo in der Geschichtsstunde einige Male der Städtenamen Waiblingen genannt wurde, konnte meine Hand beim Nachschreiben das ›r‹ nicht loswerden«, steht im dritten zu lesen. Dort heißt es weiter: »Schick doch bald Dein Tagebuch wieder und schreib etwas von Dir auf beiligendes Blättchen. Auf die Hinterseite mach mir den versprochenen Namenszug von Goethe.« Wunderlich großartige Konstellation: Waiblinger, Mörike Goethes Namenszug schickend! Da sprang denn aus dem königlichen Schriftbild zum erstenmal leibhaftig die Gewalt Goethes auf den Knaben über, die Gewalt, der gegenüber er in der Folge sich so sohnhaft verhielt, daß sie ihn, ihn wie keinen zweiten, väterlich segnete. Aber auch der Vermittler ist nicht ohne Bedeutung: es war ein Waiblinger-Goethe, den Mörike kennenlernte, und es war Waiblinger, in dem er den großen Anruf von außen, in dem er den anderen, das erste Du erfuhr. Mutter, Geschwister, Hartlaub, Klärchen – das alles war vom Ursprung her seine Welt, war die Lebensluft, die ihm zukam, mühelos wie Frühlingsatem; nun erst, durch den Eintritt Waiblingers in diesen Kreis, galt es das neue, völlige Leben. Und nun achte man darauf, wie Mörike sich verhielt. »Geküßt von deinem Mörike«: ja. Aber schon der vierte Brief an Waiblinger enthält einen wichtigen »psychologischen Exkurs«, in dem zutage tritt, wie genau dieser Mörike, der eben Du sagen gelernt hat im vollen Sinne des Wortes, nun Ich sagen lernt, und auch dies im Vollsinn des Wortes: mit aller Verwicklung, Not und Gefahr: – »da möcht' ich dem Freunde gerne mit Tränen mein Inneres aufschließen, das von Wunden blutet, aber ich kann nicht mehr aus dem Schleier herausspringen«: – das ist schon Maler Nolten, wie er leibt und lebt, und ist der, der es für alle Zeiten und für alle, die seines Zeichens sind, ausgesprochen hat:

> Was ich traure, weiß ich nicht,
> es ist unbekanntes Wehe,
> immerdar durch Tränen sehe
> ich der Sonne liebes Licht.

Dies alles gilt. Aber nun vergesset Urach nicht, die Idylle im Tal, das Anmutige und das Heiter-Großartige seiner Landschaft:

> besonnte Felsen, alte Wolkenstühle!
> auf Wäldern schwer, wo kaum der Mittag lichtet;

die Heilungen, die aus Ruhe und Regel des klösterlichen Lebens den Jünglingen entgegengehen – denn man tut Unrecht, wenn man über der Not des Zwanges die Gnade der Ordnung vergißt –; die ernste Heiterkeit, welche Musik, und zumal Mozartsche Musik, gewährt, und zu allen Zeiten

gehörte Mozart zu den guten Uracher Hausgeistern; vor allem aber die Erhellung, die aus der Welt der Bibel auf jeden Empfänglichen zukommt: wie sehr auf einen, der so herzlich und dringend bereit war, gut zu sein, wie dieser Eduard Mörike: »Wahrhaftig« – schreibt er an seine Mutter in einem Bericht über den augenleidenden Ephorus Hutten – »trotz meiner eigenen Armut wollt' ich ihm von meinem Gesicht einige Strahlen abtreten.«
Dies ist Mörikes Urach. Er hat später dankbar »der reichen Welt des Geistes« gedacht, die sich hier vor ihm aufgetan habe; er hat die Widersprüche, um die er schon damals wußte, nicht verschwiegen. Wenn er aber zuletzt bezeugt, er habe damals das, »was er sein eigen nennen konnte, was vom Empfangenen mit seinem innersten Bedürfnis zusammentraf, nur immer heimlicher und fester an sich gezogen«, so dünkt uns in solchem Zeugnis alles Nein, Wenn und Aber dieser entscheidungsreichen Zeit, wo nicht umschlossen, so doch durchleuchtet von einem tiefen, heimlichen Ja.

Der Übergang vom Seminar Urach ins Tübinger Stift, von der Klosterschule zur Hochschule, den Mörike im November 1822 nach bestandener Reifeprüfung vollzog, bedeutete keinen tiefen Einschnitt in seinem Leben. Denn die Bildungsmächte, die ihm während der Seminarjahre begegnet waren, hielten ihm auch auf dem neuen Boden die Treue. Es war die Alblandschaft der »tausend grünen Spiegel« hier wie dort, es war die gleiche festgefügte Lebens-, Haus- und Studienordnung, es waren ›Dichtung und Wahrheit‹ und ›Don Giovanni‹, es waren Mährlen und Hartlaub, die Freunde, dazu Waiblinger, nun nicht mehr der Waiblinger feuriger Briefe und stürmischer Besuche, sondern Waiblinger als Hausgenosse im Stift.
Das Tübinger Stift, hochberühmt seit alters (seit 1536, um es genau zu sagen, da Herzog Ulrich »armer frommer Leut Kinder, eines vleißigen christlichen gotzfürchtigen Wesens und zu Studieren geschickt« hier beheimatet wissen wollte), das Haus Frischlins, und Keplers, Bengels und Hölderlins – das war nun freilich Anno 1822 noch nicht das Haus, das wir als Pflanz- und Heimstätte eines großzügigen und weitherzigen, helläugigen Geistes hundert Jahre später kennen und

lieben gelernt haben; allerlei Hausgesetze, Kleider-, Tisch- und Speiseordnungen drückten, der Karzer war bevölkert, auch Mörike machte mit ihm Bekanntschaft, und eine unmutige Stunde gab ihm das Wort »Antipathie gegen das Stift« in die Brieffeder. Woraus wir freilich nicht zu viel, und vor allem nicht zu Heftiges entnehmen sollen.

Wir können es nicht ausmachen, ob manches Beengende, was uns in Mörikes Lebensart begegnet, dem Stiftsgeist zugeschrieben werden muß. Entscheidend ist, daß er in diesen Jahren in einsam-gemeinsamem Leben sich weiterentwickeln konnte und weiterentwickelt hat. Er hat sich, weniger durch Hörsaaltreue als durch eigene Arbeit, eine vielschichtige Bildung anzueignen gewußt, er hat – um nur eines zu nennen – auf sein geistliches Amt sich so vorbereitet, daß er ihm fünfzehn Jahre auf seine Weise dienen konnte: »Ich bekenne gern, damals die schönste Zeit meines Lebens genossen zu haben«, läßt er seinen Nolten im Blick auf Studentenjahre sagen; es ist nicht anzunehmen, daß er so ein Wort stracks *gegen* seine eigene Erfahrung geschrieben hätte.

Nein, es ließ sich leben in Tübingen, auch im Tübinger Stift. Das Verbindungswesen zwar durfte nicht ins Stift herein, aber Mörike hat sowieso den »vermeintlichen Enthusiasmus der Eisenfresser um Sand« gering geschätzt. Aber schöne Musik, gutes Gespräch, Heiterkeit und Freundschaft, Neckar und Platanenallee – dies alles war erwünscht und war da. Und auf dem Österberg war Waiblingers Sommersitz, das Presselsche Gartenhaus: da trafen sich die Freunde unter pantheistischen Zeichen, und immer wieder gab es den Nachmittag, an dem die Tochter Zimmer den Herrn Bibliothekarius Friedrich Hölderlin zu ihnen dort hinaufführte, Hölderlin, den Umnachteten, der sich damals Scardanelli unterzeichnete, wenn er sich noch einmal bewegen ließ, einen Vers zu schreiben:

> April und Mai und Junius sind ferne,
> ich bin nichts mehr, ich lebe nicht mehr gerne.

Das Verhältnis der schwäbischen Dichter dieser Generation zu Hölderlin ist, wie mich dünkt, nicht eben eindeutig, wir haben hier nicht Raum, darüber nachzudenken. Auch in

Mörikes Verhältnis zu dem Umnachteten sind Ehrfurcht und Abwehr vermengt. Aber freilich, wenn einer ihn verstanden hat, dann Mörike, das Wort ›verstanden‹ hier im großen Sinn genommen. Dieser Hölderlin – das wußte Mörike schon im Presselschen Gartenhaus, sein innerer Mensch wußte es – das war nicht nur der einzige, über den auch er als Dichter nicht hinauswachsen würde, das war sein Nahverwandter; sein Vater nicht, aber sein älterer Bruder, sein Zauberer, seine große Gefahr. Zu locken schien er ihn. Wohin zu locken? Auf gleiche Bahn. Gleiche Bahn durfte, wollte er nicht beschreiten. So folgte er ihm, aber mit fliehender, mit sich bewahrender Gebärde.

Unterdessen weitet sich der Freundeskreis. Ludwig Amandus Bauer tritt ein. Rudolf Lohbauer, ein halber Waiblinger, fühlte sich gleichfalls mächtig von ihm angezogen: »Knabe, was machst du aus mir?«; und wer immer sonst mit ihm in Berührung kam, empfand bewundernd und beglückt die Reinheit, mit der hier einer sein Wesen entfaltet und zugleich entfaltend bewahrte.

So sehen die Anfänge aus. Aber nun geht es weiter. Und wie anders sollte der zum Dichter Geschaffene der Dichter Eduard Mörike werden als so: daß sein Genius ihn auf besondere Straße nahm? Wie andere als durch Leiden?

Peregrina

Eduard Mörike ist, zeit seines Lebens, ein Sammler von Passion gewesen. Nicht nur dort, wo ihn ein Wissensdurst zu ernsthaftem Sammeleifer begeisterte wie bei Petrefakten und Terebrateln, oder wo der Spieltrieb ihm eines zum andern fügte: Kuriositäten, Musterkärtchen und Zeichnungen, soviel man will; darüber hinaus war es seiner Art gemäß, zu bewahren: die Archivare können noch heute ihre Freude an ihm haben. Nur ein einziges Mal hat er ausdrücklich Spuren verwischt und Zeugnisse vernichtet: alles, was auf Peregrina, auf die Fremdlingin Maria Meyer, Bezug hat, ist – bis auf einige wenige Bemerkungen – verschwunden, Mörike hat es verschwinden lassen.

So daß wir Nachfahren bei Vermutungen es bewenden lassen

müssen in fast allem, was den äußeren Hergang der Peregrina-Geschichte betrifft. Das ist wohl schmerzlich für den Biographen, ein übergroßer Verlust aber ist es nicht. Denn auch, wenn wir alle Briefe Mörikes an Maria Meyer und die ihren an Mörike besäßen, wenn wir einen lückenlosen Lebenslauf des Mädchens und einen ebenso lückenlosen Bericht der Ereignisse von 1823 und 1824 schreiben könnten, bleiben wir mitten im Geheimnis, sobald wir die innere Geschichte dieses Erlebnisses zu bedenken begännen; und um diese innere Geschichte allein muß es uns ja zu tun sein.

Was sich berichten läßt, ist dies: im Frühling 1823 lernte Mörike, bei einem Ludwigsburger Ferienaufenthalt, im Brauhaus eines Mannes namens Helm, das Schenkmädchen Maria Meyer kennen. Diese Maria Meyer war unter recht abenteuerlichen Umständen in dieses Haus gekommen: der Braumeister Helm hatte sie auf einem Steinhaufen vor der Stadt ohnmächtig gefunden und auf ihr eigenes Bitten behalten und bei sich beschäftigt. Nicht eben ungern; denn die Überlieferung weiß von ihrer Schönheit einhellig zu berichten, und diese Schönheit war eine Anziehungskraft mehr für sein Gasthaus. Die Herkunft des wunderlichen Geschöpfes war dunkel, und sie selbst schien dieses Dunkel mit Bedacht zu hüten. Ob sie aus der Schweiz oder aus Österreich stammte, ob sie mit einer religiösen Schwärmererin jener Tage, der Frau von Krüdener, ausgezogen war, ob traumwandlerische, ob fallsüchtige Anlagen bei ihr bestanden, ob Maria-Magdalenen-Züge ihrem Bilde zuzufügen sind – dies alles ist unsicher; es sei nun so oder anders: genug, Mörike lernte sie kennen, und dieses Kennenlernen bedeutete für ihn von allem Anfang an die völlige, im Mittelalter hätte man gesagt: die hexenmäßige Verzauberung.

Sie treffen sich: der neunzehnjährige Mörike, der eben den Verzicht auf Klärchen Neuffer zu lernen hatte, und die sechs Jahre ältere Schöne. Sie treffen sich wiederholt, und – als der Studentenurlaub zu Ende geht – beschließen sie, in Verbindung zu bleiben; sie beschließen's nicht, sie müssen's, Mörike muß schreiben und schreibt. Plötzlich aber heißt es: Maria ist aus Ludwigsburg verschwunden. Heißt es: sie ist in Heidelberg, auch dort von Helfern, Freunden, Anbetern umgeben. Heißt es: die Polizei habe sie aufgegriffen, als Landstreiche-

rin, vielleicht als Dirne. Neue Briefe kommen zu Mörike, zunächst von dritter Seite. »Sie bequemt sich gar zu wenig«, steht dort, »und ist nicht selten unartig. Du mein Gott, was ist das für ein Geschöpf! Seinem Schöpfer gleicht es von außen, inwendig ein Chaos.« Dann kommt ein Brief Marias, Mörike beantwortet ihn nicht. Er kann nicht anworten, er ist zu tief getroffen. Sein Heiligenbild ist besudelt. Denn für ihn war diese Maria Meyer nun wirklich etwas wie eine Heilige gewesen, er hatte in ihre schönen Züge, in ihr offenbar auch geistig gebildetes Wesen, das Höchste hineingesehen. Sollte wirklich sein »heiliges Nachtbild« so ganz anders sein? »Ich scheue mich wie vor einem Gespenst«, schreibt er, »diesen Punkt mehr als halblaut vor mir zu gestehen, weil ich ihn wirklich nicht glaube bei M. Ihr Leben, so viel ist gewiß, hat aufgehört in das meine weiter einzugreifen als ein Traum, den ich gehabt und der mir *viel* genützt.«
Wär's nur wahr! Oder nein: wir dürften's nicht einmal wünschen, daß es wahr wäre. Maria hat nie, nie aufgehört, in sein Leben einzugreifen, und Mörike ist Mörike geworden eben durch diesen immerwährenden Eingriff.
Immerhin – soviel sieht man aus diesem Brief – er versucht, den Zauberseilen zu entkommen. Ein Frühling, ein Sommer geht dahin – 1824 – da, im Juli erscheint Peregrina in Tübingen und bittet Mörike schriftlich um eine Zusammenkunft. Mörike lehnt ab. Wir ermessen nicht, was ihn die Zustimmung gekostet hätte zu diesem Wiedersehen, da Maria mit allen Zeichen der Urverlassenheit sich an Mörike gewandt hat, als an den Inbegriff alles Heilen und Unversehrten, das in ihrem eigenen Leben auf Stärkung aus sein mußte; wir wissen aber, daß er das mutige Nein teuer bezahlt hat. Wie denn das Leben zuweilen seine außerordentlichen Schüler vor Entscheidungen stellt, denen sie in keinem Fall und zu keinem Heil entrinnen können – denn aus dem Nein wachsen nur andere, nicht aber geringere Gefahren als aus dem Ja –: so war es zur Stunde um Mörike bestellt.

Ein Irrsal kam in die Mondscheingärten
einer fast heiligen Liebe
und mit weinendem Blick
hieß ich nun das zauberhafte,

schlanke Mädchen
fern von mir gehen.

In einem Brief – datiert vom 8. Juli 1824 – schreibt er, die Leute wollen ihn boshafterweise nicht verstehen, so als »stäke er in rot Fasnachtskleidern«. Dies war der Augenblick der Entscheidung, der Entscheidung über sein ganzes Leben. Der Augenblick, in dem das Schicksal Hölderlins sich ganz nahe zu dem jungen Bruder herabbeugte, ganz bereit, ihn in gleiche Finsternis hinauszutragen. Aber Ludwig Bauer, der Eingeweihte, war da, und die Schwester Luise fragte nicht lange mühselige Fragen: sie nahm den Bruder auf, wie er war, und das hat ihn gerettet.
Die Schwester hatte schon vorher in die Entwicklung des Verhältnisses – eines Verhältnisses, das sich im wesentlichen in Mörikes Herz sein Auf und Nieder suchte – mit seelenkundlichem Geschick eingegriffen: »achte du in ihrem Wesen immer das hohe Ideal der Reinheit und Tugend, das deiner Seele jenen mächtigen Schwung verleiht, der sie schnell empor, der sie zum Himmel trägt! Bewahre ihr Bild, das Bild der Tugend, lebendig in deinem Innern und danke ihm das Gute, das es dir schafft, aber sie selbst laß dir gestorben sein« – schreibt sie ihm, und er empfindet antwortend, daß »eine überaus linde kühlende Luft« aus Luises sanftem Kreis in den seinigen herüberziehe. Nun, nach diesem 8. Juli, tun mütterliche Sorge und schwesterliche Liebe, Heimat, Garten- und Waldluft, was sie können, und wenngleich ein neuer Stoß, der Tod des Bruders August, des »Knaben, der mir so lieb war«, ihm neue Erschütterung zumutete, so blieb doch die größte Gefahr gebannt. Die eigentliche Rettung aber kam für ihn aus der gleichen Quelle, die – im gleichen Jahr – dem tiefverwirrten großen alten Mann in Weimar erlösend strömte:

Verstrickt in solche Qualen, halbverschuldet,
geb' ihm ein Gott, zu sagen, was er duldet.

»Von holdem, energischem Wahnsinn umwickelt« – wie es im ›Nolten‹ heißt – sammelt Mörike seine Kräfte zu einem Trauerspiel, das ebenso rasch vollendet wie verbrannt wird.

Bauer, der Bruchstücke davon noch gelesen hat, zählt es »zum Herrlichsten, was die Dichtkunst je geschaffen hat«. Wir selbst, die das Spiel nicht kennen, haben zu dem Bauerschen Urteil nichts zu sagen, kein beistimmendes, aber auch kein zweifelndes Wort. Wir haben aber die Frucht, die geblieben und in die wohl die Essenz des verbrannten Spieles eingegangen ist, anzunehmen, und hierfür dann allerdings Bauers Wort und Werturteil zu wiederholen. Es sind die fünf zum ›Peregrina‹-*Zyklus* vereinigten Gedichte.

Der Spiegel dieser treuen, braunen Augen –

Es ist, als ob die eine strenge Stanze alle erschütternde Erinnerungen bändigen möchte, so scheinbar gelassen hebt es an:

Der Spiegel dieser treuen, braunen Augen
ist wie von innerm Gold ein Widerschein.

Aber wie läßt sich das bändigen, dieses:

Willst, ich soll kecklich mich und dich entzünden,
reicht lächelnd mir den Tod im Kelch der Sünden.

Nein, das läßt sich nicht bändigen, und so fährt es denn, wie von großen Windstößen vorangetrieben, in freien Rhythmen fort:

Aufgeschmückt ist der Freudensaal

»Aufgeschmückt«, »lichterhell«, »säulengleich« – die großen daktylischen Worte klirren wie Tanztakte einer unheimlichen Freude. *Agnesens Hochzeit,* nennt sich dieses Gedicht einmal. Ja, es ist Hochzeit, aber der Giftmischer sitzt mit an der Tafel –

schaudernd entdeckt' ich verjährten Betrug.

Und so kommt der Abschied schier in einem Atem noch mit dem Anbeginn. Abschied aber ist kein Ende. Peregrinen die

Zusammenkunft abschlagen – man kann es, man muß es wohl, aber:

Krank seitdem
wund ist und wehe mein Herz,
nimmer wird es genesen!
Als ginge, luftgesponnen, ein Zauberfaden
von ihr zu mir, ein ängstig Band –

Und ob es sich gleich zur Strophe von neuem sammelt und von allem weiterblühenden Leben umfangen ist:

beim Flimmer zierlich aufgesteckter Kerzen –

Peregrina ist da, ungerufen und unvertreibbar:

zuletzt brach ich in lautes Schluchzen aus,
und Hand in Hand verließen wir das Haus.

So möchte er's denn im Sonett bezwingen. Ach, das haben sie alle gewollt, vielleicht haben sie's darum geformt in seiner kühlen, läuternden Vierzehnzeiligkeit, aber Lava ist's geblieben bei Michelangelo und Shakespeare, und auch er, Mörike, kann noch so weise beginnen, so abgeklärt:

Die Liebe, sagt man –

plötzlich stürzt es eben doch glühend in die Gußform hinein:

Ach, Peregrinen hab ich so gefunden!

Und wenn es gleich endet:

sie kehrt sich ab und kehrt mir nie zurück –

so weiß er's doch besser, weiß, daß sie ihm nur darum nie zurückkehren wird, weil er sie nie verlassen kann. Weiß, daß nur darum ihre leibhafte Gestalt von ihm genommen wird, damit ihr peregrinisches Seelenbild immer bei ihm bleibe. Es ist immer bei ihm geblieben. Seine Novelle *Maler Nolten* ist im Grunde nichts als eine Rechenschaft um Peregrina, und noch seine holdesten und heitersten Spielgedichte werken tiefunterirdisch an der Überwindung dieses Erlebnisses. Wir sollten es wohl bedenken, daß das Wort ›schön‹, das Urwort der Dichter, in diesem Zyklus der Qual und dem Wahnsinn beigegeben wird. Wir müssen dabei nicht fürchten, nun auf lauter kranken Wegen durch dies Mörikeleben geführt zu werden. Nein, sie werden gefühlt werden, die »gottbeherzten, nieverscherzten Erstlingsparadieseswonnen«, der Jäger wird Schön-Rohtraut küssen, die Störche werden klappernd ihre Botschaft bringen und das Immlein summend die seine, ja es wird uns erlaubt sein, das Wort ›Gesundheit‹ recht ausdrücklich auf Mörike zu beziehen. Nur daß wir gleich von Anfang an diese Gesundheit nicht mißverstehen, wie sie denn zuweilen robusterweise mißverstanden worden ist, daß wir sie zart, bedroht, umkämpft und errungen wissen und gerade darum wahr, gütig und hilfreich. Die Schreinersche Zeichnung von 1825 ist es, die am nächsten der eigentlichen Gnaden- und Gefahrenzone des Peregrina-Erlebnisses das Dichterantlitz wiedergibt, das anmutige, man möchte einfach sagen: reine, aber zugleich versehrte, dieses auf sich selbst gestellte Jünglingsangesicht. Dieser junge Mensch, soviel sieht man, wird die Ländereien der Erde unerobert lassen und den Szenen der Welt aus dem Wege gehen, so gut er kann, aber den Entscheidungen des Herzens und den Fährnissen des Geistes wird er sich hinhalten wie nur einer. Und ein Wahrnehmender wird er sein, dieser Mörike mit seinem Kinderstaunen, einer, der das Gras wachsen hört in des Wortes einfältigster und frömmster Bedeutung:

> Hört man der Erdenkräfte flüsterndes Gedränge,
> das aufwärts in die zärtlichen Gesänge
> der reingestimmten Lüfte summt.

Ein gründig-abgründig-hintergründiger Bruder aller Kreatur wird er sein, so Stein wie Tier wie Blume, so Erd- wie Feuergeist und wieviel mehr noch Luft- und Wassergeist, so allem Leben und zumal dem lautlosen Leben zugetan.
Aber auch dem Menschendasein durchaus nicht feind. Vielmehr zum Freund geschaffen von Natur, Geist und Gnade.

»Es verlangt ihn endlos nach einem Gegenstand, den er lieben kann, und wenn er ihn gefunden hat, so hängt er an ihm mit einer wunderbaren Liebe.« Waiblinger, der dies über Mörike schrieb, war der erste, an dem Mörike diese Liebe erprobt hatte. Nun aber, da Mörike aus dem Peregrina-Brand gerettet ins Leben zurückkehrt, soll Waiblinger auch der erste sein, der die neue Weisheit Mörike'scher Liebe erfährt: die Weisheit der nur mehr heimlich begleitenden Liebe.
Waiblinger – schon bisher ein Außenseiter und Extravagant – war durch allerlei Liebeshändel und Zigeunereien in eine unhaltbare Lage gekommen. Die Freunde müssen sich von ihm trennen, und auch Mörike, diesmal von Luise gedrängt, soll und tut es. Bald nach seiner Rückkehr ins Stift schreibt er ihm einen Absagebrief – es ist einer von den schönsten Briefen in unserem Schrifttum überhaupt – aber dann, nachdem er ihn geschrieben hat, schickt er ihn nicht ab. Es schien ihm genug, ihn sich selbst geschrieben und so mit fester Hand die Linie gezogen zu haben, die sein Verhältnis zu Waiblinger nicht mehr überschreiten durfte, die Linie der Selbstbewahrung, die dem Menschen Mörike sein Gott, dem Dichter Mörike sein Genius bestimmte.

Dies sieht nach Vereinsamung aus. Und wirklich wird es von den Peregrina-Tagen an zu einem Merkmal dieses Rekonvaleszenten auf Lebenszeit, daß er zwischen sich und seinen Menschen eine Ferne auftut. Keine Feindschaft, wir sagten es; aber einen Abstand, der ihm das eine Mal das Gepräge einer zarten Hoheit, das andere Mal das einer scheuen Ängstlichkeit, und wieder das einer verspielten Versunkenheit verleiht. Von diesen Möglichkeiten hörten wir eingangs schon: nun werden sie alle zu beständigen Lebenszeichen.
So ist denn hier – nicht zum ersten- und nicht zum letztenmal – der Spielwelt Mörikes zu gedenken, der Zauber- und Märchendinge, die nun ihre Verwandlungskraft an dem Verwundeten erweisen. Das Hüttchen Sorgenfrei erlebt eine fröhliche Urständ, und mit Ludwig Bauer, dem Nächsten seines Herzens in dieser Epoche, macht er sich auf die Reise, die – ohne die Bannmeile Tübingens verlassen zu müssen – in die Gegend zwischen Neuseeland und Südamerika führt, allwo sich Otaheiti, die Insel, das Ausflugsziel aller Roman-

tiker befindet. Bei Mörike und Bauer heißt sie Orplid, ihr traumhaft-geographisches Abbild hängt in der Stiftsstube, und ihre Bevölkerung registriert sich in ihrer Phantasie: Ulmon, der letzte König von Orplid, Talpe und Thereile, Wispel und der Buchdrucker, und aus morgenlichter Flut steigt Weyla, die Göttin:

Vom Meere dampfet dein besonnter Strand
den Nebel, so der Götter Wange feuchtet.

Was ist das? fraget ihr. Fraget nur! Ein großes Gedicht Mörikes, gewißlich eines seiner größten: *Weyles Gesang*, beginnend:

Du bist Orplid, mein Land! das ferne leuchtet; –

Und das mitten unter all den Spielereien, all diesem herzhaften Studentenunfug? Ja, mitten darin. Und das werdet ihr von nun an immer wieder treffen, es heiße nun ›Märchen vom sicheren Mann‹, ›Idylle vom Bodensee‹, ›Stuttgarter Hutzelmännlein‹ oder heiße ›Mozart auf der Reise nach Prag‹: immer ist man noch eben mitten in Laune, Schalksnarretei und wunder wie »keinnützigem« Kram – aber immer schon ist die Tür angelehnt, und es bedarf nur eines leisesten Hauches, so geht sie auf und öffnet dem Blick alle Tiefen und alle Höhen:

Uralte Wasser steigen
verjüngt um deine Hüften, Kind!

Es ist aber die gleiche Reise nach Orplid, die soviel lichte, sylphische und elfische Mächte in Mörikes Leben und Werk hereingeholt hat, soviel Bienengesumm und Faltergeschaukel, die auch den nacht- und traumwandlerischen Zug in ihm gestärkt hat. Dorthin begleiteten ihn seine Freunde nicht, wohin ihn dieser Nachtgeist rief, und es ist ihnen wohl lebenslang anzuspüren, daß sie dorthin nicht gegangen sind, diese tageshellen Friedrich Theodor Vischer und David Friedrich Strauß, die klugen Freunde. Nein, dorthin ließen sie ihn allein ziehen. Und er zog seine helldunkle Straße, dem

›Feuerreiter‹ entgegen und dem ›König Milesint‹, den ›Geistern am Mummelsee‹ und vielen Traurigkeiten.
Sehr still verhielt er sich mit solcher Mitgift und folgte »dem unglaublich verzärtelten Gang seines Wesens« nur mehr »in kleinen, bedächtigen Schritten«, Licht und Schatten vertraut und vor andern dem Schatten Peregrinas. Und wo immer nun das Leben ihn anredete, da ging die Peregrina-Frage mit, die er aus dem dritten Gedicht im ›Peregrina‹-*Zyklus* herausgenommen hatte – er hatte sie dort herausgenommen, um sie allerorts zu behalten –:

> Sollt ich die Hand ihr nicht geben
> in ihre liebe Hand?

Unterwegs

1825 macht Ludwig Bauer sein Examen und tritt in den Kirchendienst, zunächst als Pfarrverweser von Ernsbach. »Pfarrverweser« – schreibt er an Mörike – »der Name tut infam weh.« Aber das sind Eingewöhnungsfieber, und Bauer hat sich eingewöhnt. Orplid, wo liegt Orplid? Zwischen Neuseeland und Südamerika. Hier aber ist Württemberg, und sein Pflichtenkreis ist hier: Kirchendienst und Kirchenrock, Kirchenkasse und Kirchenkonventsprotokoll. Wohl ihm. Wie aber wird es dir, Eduard Mörike, ergehen unter dem schwarzen Talar?
Es war Dezember 1826, Mörike hatte seine Dienstprüfung bestanden und war für einige Wochen zur Mutter nach Nürtingen gereist, da »spürte das Konsistorium seinen sicheren Winkel aus« und das erste Dekret erschien. Es sandte ihn nach Oberboihingen. Oberboihingen, gut: das ist eine kleine Wegstunde von Nürtingen entfernt, da stand man noch mit einem Fuß im heimatlichen Bezirk. Aber da ist nun der Pfarrer von Oberboihingen: ein achtzigjähriger Mann, »soviel als ein Kind, und auf dem Vikar liegt die ganze Flut von Geschäften. Man ist allein der Herr im Hause, sed ego, ego!« Ja, zu Mörike als dem geistlichen Herrn im Hause mußte man Ausrufungs- und Fragezeichen machen: denn das war der kühne Freischwimmer nicht für eine »Flut von Geschäften«.

Zum Glück sah das auch unverzüglich die Behörde ein, und noch vor Weihnachten 1826 bekommt er sein zweites Amt in Möhringen auf den Fildern, und hier ist's im wesentlichen ein Hauslehrerauftrag an dem Pfarrersbuben Fritz. Dann aber, schon im Mai, heißt es Köngen, und jetzt rufen Dorfkanzel, Schulkatheder, Krankenbett und Registratur. Sie rufen und er folgt. Wie gern er folgt, ermessen wir aus einem Echo auf Freund Mährlens Botschaft, die ihm vermeldet: ich bin Korrektor bei Cotta geworden. »Ich möchte einen Fußfall tun und schluchzen: Freund, einziger, laß mich korrigieren. Um Gottes willen korrigieren laß mich.« Das fängt nicht gut an und geht nicht gut weiter. »Vikariatsknechtschaft« heißt er sein Amt, und »Alles, nur kein Geistlicher« seine Devise. Er wartet gerade noch das einjährige Dienstjubiläum ab, dann hängt er den Talar an den Nagel. Nur, was jetzt tun? Dem Herrn Cotta, wie Mährlen, »Blattläuse wegfangen«? Das möchte er wohl, aber Cotta winkt ab. ›Barbara Bavaria, ein Zeitungsblatt‹ herausgeben? Aber dazu gehört Geld. Nach Oberschwaben gehen, wo der Bruder Amtmann geworden ist, in scharlachroten Pluderhosen gegen das geistliche Schwarz protestieren, sich in eine Josephine verlieben und liebhaberweise den Hofmarschall von Kalb spielen? Ja, aber das ist, so wie die Dinge liegen, kein Lebenszweck!

Schließlich, es ist Spätherbst 1828 geworden, fällt ihm ein Apfel in den Schoß: er soll für eine Franckhsche Damenzeitung regelmäßig Beiträge liefern und dafür fünfzig Gulden im Monat empfangen. Mörike beißt zu, aber wie schnell ist die Made im Apfel entdeckt! Und wir schreiben gerade Dezember, da heißt es schon in einem Brief an Mährlen: »Der ganze Franckhsche Handel wird von mir wieder aufgesteckt. Ich bin die letzten Wochen her fast krepiert vor Ekel an der Sache und vor Zorn über die Blindheit, worin ich mich bereden konnte, daß ich mir jemals auch nur ein Vierteljahr bei diesem Geschäft gefallen könnte, ohne daß meine Poesie sich die Schwindsucht dabei hole.« Und dann weiter, man höre: »Waren wir nicht Narren, Herr Kollega, uns so an der lieben Mutter Kirche zu ärgern? Wie Schuppen fiel mir's von den Augen, daß ich alle jene Pläne, die mein ganzes Herz erfüllen, auf keinem Fleck der Welt (wie nun eben die Welt ist) sicherer und lustiger verfolgen kann als in der Dachstube eines württembergischen Pfarrhauses. Vivat Vicariat! Gelt, das heißt sich aufs Maul geschlagen gegen meine früheren Briefe?«

Allerdings. Wenn das nur gnädig geht! So kommt er ins Amt zurück nach Pflummern. Pflummern ist ein reizender Ort im schwäbischen Oberland. Aber Pfarrverweser im Pflummern? Wie, wenn Ludwig Bauer recht behielte: »der Name tut infam weh«? Und er behält recht, erschreckend recht. »Mit Knirschen und Weinen kaue ich an der alten Speise, die mich aufreiben muß.«

So helft ihm doch! Ist keiner da, der ihm helfen kann?

Doch, einer. Der alte, kleine Gott mit dem berühmten Pfeil, der noch immer mehr vermag als alle Prälaten und Damenzeitungen zusammen.

»Ich verdoppelte unwillkürlich meine Schritte, voll von dem Gefühl, daß auch ich einer von den Ganz-Glücklichen sei.« Gegeben zu Plattenhardt am 4. Dezember 1829. Ed. Mörike, Pfarrverweser daselbst. An Jungfer Luise Rau, Pfarrerstochter in Grötzingen, weiland in Plattenhardt auf den Fildern.

Ja, was ist denn da geschehen, daß es nun plötzlich so anders lautet? Nun, das braucht nicht viel Phantasie, und für einen, der schwäbische Pfarrhäuser kennt, schon gar keine. Ein Vikar kommt in ein Pfarrhaus mit erwachsenen, unverlobten Töchtern – in Mörikes besonderem Fall ist es so, daß er nach dem Tode des Pfarrers dort aufzieht und die Pfarrfamilie nur mehr während des sogenannten Gnadenquartals neben sich hat – eine von diesen Töchtern ist vor den andern anmutig, häuslich, sie kann singen: »Mignon«, und »Freudvoll und leidvoll, gedankenvoll sein«. Sie kann zuhören, gut zuhören, wenn der Herr Vikar Verse vorliest, und noch dazu eigene Verse:

Was im Netze? Schau einmal!
Aber ich bin bange;
greif ich einen süßen Aal?
greif ich eine Schlange?

Und dann geht alles, wie es gehen muß, und die Morgensonne im August bescheint eine Pfarrgartenlaube, in der Luise sagt: Mein Herz hat entschieden.

Und es gibt einen recht ordentlichen, dienstwilligen Vikar, der

Amtsort heiße Owen, Eltingen oder Ochsenwang, seine Klagen sind verstummt, und die Klaviatur seines Herzens dient nur einer Melodie: Liebe Luise.

Nun scheint geholfen. Wenn nur wir nicht wüßten, was wir wissen!

Wir wissen: Mörike war durch das Peregrina-Erlebnis aus jener ersten Naivität herausgerissen worden, in der manch braver Vikar mit manch bravem Pfarrerstöchterchen glücklich werden konnte. Dabei ist uns, offen gestanden, dreisten Erkundigungen gegenüber, die wissen wollen, was denn eigentlich im Peregrina-Erlebnis vorgefallen sei – es ist uns solchen Fragen gegenüber wenig wohl. Was vorgefallen ist? Nichts, nicht viel, dünkt uns, was den innersten Bezirk eines Versehrten überschritten hätte; und die Urworte jener Philine aus ›Wilhelm Meister‹, Mörike kannte sie wohl, bestanden von Mörike aus eigentümlich zu Recht: »wenn ich dich liebhabe, was geht's dich an?« Zugleich freilich dürfen wir ein Selbstgeständnis lesen in folgendem Noltenwort: »Eine mächtige und tiefgegründete Leidenschaft hatte sich dieses reizbaren Gemüts bemeistert, eine Leidenschaft, deren Ursprung vielleicht ohne Beispiel ist und deren Gefahr dadurch um nichts geringer wird, daß eine *reine* Glut in ihr zu liegen scheint.« Gerade daß das Peregrina-Ereignis allen schwülen Dramatisierungsversuchen so von Grund aus widersteht, macht es in der Folge so lebensmächtig: die ungelösten Geschehnisse unseres Lebens sind es, die am meisten in uns bewirken. Mörike hat sich von Peregrina gewiß nicht den Maßstab für die Frauen und die Frau geben lassen, und das Verlöbnis mit Luise Rau ist nicht daran zerbrochen, daß Luise keine Peregrina war, wohl aber hat Mörike damals in reinem Umfang erfahren, was ihm in den ersten Waiblinger-Tagen nur andeutungsweise aufging: sein eigenes Gesetz; und diesem seinem Gesetze folgsam zu sein, ist hinfort der einzige Wille seines Lebens. Da mag er sich dann zuweilen täuschen, mag meinen, daß ihm jemand sehr Nahes auf diesem Weg behilflich sein könne, und hat es gemeint. Wir danken dieser Meinung an die siebzig schöne Bräutigamsbriefe. Zuletzt aber mußte es deutlich werden, daß man nicht gleichzeitig dem ›Maler Nolten‹, das ist: dem gefährlichen Leben, und der guten Luise, das ist: dem gesicherten Leben, gehören kann.

Sein Gesetz hatte ihm nie verwehrt (und verwehrte es ihm auch jetzt nicht), Freunde zu haben, mit Menschen zusammenzusein in dem Abstand, den die Freundschaft setzt. So war er's, war's aufgeschlossen für vielerlei Leben: es heiße nun Bauers poetisches, Mährlens kräftiges, Hartlaubs schöngebildetes, Flads geistlich-zartes, Waiblingers genialisches Leben. Mit Freunden ist man nicht verheiratet. Aber nun war er für Luise auf die gleiche Weise da, und was dem Freunde recht ist, das ist der Braut nicht billig. »Ich bin endlich bei dem glücklichen Punkte angelangt, wo man den Wert des Freundes und der Geliebten rein und glatt unterscheidet, ohne den einen oder die andere in ihrem vollsten Rechte zu verkürzen«, schreibt er an Mährlen. So meint er wohl. In Wirklichkeit kommt bei dieser Rechnung Luise, die Braut, zu kurz, trotz der wunderschönen Briefe: sie muß zu kurz kommen bei einer Natur wie Mörike, der in einer gewissen Nähe nicht wenige Menschen brauchen kann, im Innersten aber allein seinem Genius folgen muß.
Das wird Luise Rau früh genug gespürt haben. Wir kennen sie zu wenig, um die Frage, ob sie nun ein gar einfältiges Gemüt gewesen sei oder nicht, gültig beantworten zu können. Wir kennen auch ihre Briefe nicht. Aber wir kennen den Widerschein der Briefe, die sie schrieb, in Mörikes Antworten. Und wir begreifen wohl, daß ihr bald schon ein Zweifel kommt, und daß die Frage, ob es denn nun der rechte Liebhaber sei, sich ihr nicht leichthin mit Ja beantwortet.
Hinzu trat dies: man heiratet – heiratete wenigstens in jenen Zeitläuften und Ständen – nicht einen einzelnen Menschen, sondern eine Familie, die Familie Rau. Und die Familie Rau war nun ganz und gar nicht gesonnen, sich von Mörike heiraten zu lassen.
Was sollte ihr so ein unsicherer Kantonist und Dichtersmann? Einen rechten Pfarrer soll das Luischen heiraten, am liebsten einen mit IIa, dem ein Dekanatssitz oder gar die Prälatenseide sicher ist. Daß man mit dem ›Gesang zu zweien in der Nacht‹ wahrhaftig auch eine Art Prälat ist, und das in jungen Jahren, konnte den Guten nicht in den Sinn kommen: ihnen blieb der Plattenhardter Liebeshandel nur eine halbe Freude. Wie kann sich Luise dieser Atmosphäre entziehen? Immer ängstlicher, um nicht zu sagen mißtrauischer, wird sie

den Geliebten daraufhin ansehen, ob er sich diesem Familienideal zu nähern beginne oder nicht. Mit lauter Stimme wird sie aus seinen Liebesbriefen eine Stelle vorlesen, in der er ihr sagt, daß der Kirchenrock und er die besten Freunde werden, andere, extravagante Stellen aber wird sie liebend auslassen, liebend und doch selbst schon unsicher. Und wie nun gar handgreifliches Unheil vom Haus Mörike her in ihren Gesichtskreis trat – Karl Mörike hatte sich an Umtrieben im Gefolge der französischen Julirevolution beteiligt und war verhaftet, Eduard aus Ungeschick mit hineinverwickelt worden –, da ging die Verlobung zwar noch nicht auseinander, aber Spannungen begannen die Beziehung von Grund aus zu verzerren. In Mörikes Briefe kommt ein dringlicher, zuweilen gehetzter Ton, und wenn er einmal schreibt: »Ich bin ruhiger geworden, weil ich mich sicherer in mir selbst fühle«, so ähnelt diese Stelle verzweifelt dem Moor'schen »Ich zittre nicht«, bei dem die Regiebemerkung angibt: »Heftig zitternd.«

Schließlich: vier Jahre Brautzeit! Es kam der Augenblick, wo diese Verbindung nach den inneren Gesetzen des Lebens sich nur noch erhalten ließ, wenn sie Ehe wurde. Aber zum Heiraten gehört eine Pfarrei oder sonst ein Amt. Sonst ein Amt, wie es Mörike immer wieder suchte, wollte sich nicht auftun, und auch die Pfarrei ließ auf sich warten, es hat keinen Sinn, deswegen nachträglich mit dem Konsistorium zu schmollen. So wurde, ohne daß irgendeine böse Absicht dabei gewaltet hätte, der Zeitpunkt der Heilung versäumt, und als im Mai 1834 den Pfarrverweser von Ötlingen die Nachricht von seiner Ernennung zum Pfarrer von Cleversulzbach traf, da hatte er sich einsam zu freuen, wenn er sich noch freuen wollte: das Verlöbnis mit Luise war Ende 1833 gelöst worden, mit Schmerzen gelöst. Davon ist freilich nirgends groß die Rede. Denn die Kraft, mit seinen Schmerzen allein zu sein, diese goethische Kraft, stand ihm zur Stunde schon merkwürdig zu Gebote. Sie gehörte ja zu den inneren Notwendigkeiten dessen, der seinen Schmerz nicht herausstoßen, genießen, wollüstig verströmen lassen darf, dem es vielmehr gesetzt ist, ihn zu verwandeln, ihn zu dichten. Und zeitlebens ist das seine Meisterschaft geblieben: zu erspüren, was seinem Dichtertum not tut, und solcher Spur zu folgen.

Unterdessen war ›Maler Nolten‹, Mörikes umfangreichstes Werk, erschienen. Wir sind ja schon seither an die siebenmal auf diesen Nolten, eine »Novelle in zwei Teilen«, gestoßen, und hätten leichthin siebzigmal daraus zitieren können, so sehr im Mittelpunkt steht dieses Buch: es steckt der ganze Mörike in dieser Geschichte. Der ›Nolten‹ ist 1832 erschienen, im Todesjahre Goethes also: und im Schatten nicht dieses Todes, wohl aber dieses Goetheschen Lebens und Lebenswerkes, zumal im Schatten von ›Werther‹ und ›Wilhelm Meister‹ sehen wir ihn.

Man wird ihn sich kaum bedrängend genug denken können, diesen Schatten des Goetheschen Lebenswerkes; aus der glühenden und leidenden Verehrung der Romantiker, aus der Abwehr der Jungdeutschen, aus dem Sohnesgehorsam der Stillen im Lande fügt sich das Bild. Sie alle machen kund, wie unübersehbar, wie unausweichlich dieser Goethe stand vor jeder Komposition, jeder Figurierung, jedem Satzbau, jeder Wortprägung, die ihrer einer wagen wollte. Und dabei lagen doch die großen Prosazeugnisse Goethes, ›Werther‹ und ›Wilhelm Meister‹, geraume Zeit zurück. Aber wo immer jemand die Straße des einen, der auszog, das Fürchten zu lernen, diese deutsche Straße, beschreiten und beschreiben mochte, da kam er ins goethische Gelände. Es heiße nun Künstler- oder Bildungs- oder Gesellschaftsroman oder es heiße, wie bei Mörike, Novelle; es gehe darin mehr draufgängerisch zu, mehr zögernd oder mehr verstrickt in wirkende Fremdmächte: hier ist kein Unterschied. Und auch ›Nolten‹ also zählt hierher.

Was finden wir? Wir finden die Geschichte eines Malers, der liebt und geliebt wird, der die eine um der anderen willen vergißt und die andere um der einen willen verliert, bis zuletzt Irrnis und Tod die Plätze der Heimsuchung einnehmen, die zuvor schon durch viele Kapitel hindurch Mißverständnis, Lockung und Spannung sich gesichert hatten. Die Geschichte von Nolten und Larkens, vom Grafen und vom Hofrat, von Konstanze, Agnes und Elisabeth, der Zigeunerin: sie ist Mörikes höchsteigene Geschichte, ist die Geschichte eines Menschen, der auf dem Weg über die Welt, über Abenteuer und Versehrung sich selbst erfährt, das Zuzweitsein mit dem dunkelkämmerigen Herzen als seine Notwendigkeit erfährt.

Erfährt, daß – nach einem Wort des Novalis – »Schicksal und Gemüt Namen eines Begriffes« sind. Ja, das ist er selbst, der schwäbische Vikar mit Hamletschen und Jean-Paulschen Prägungen im Gesicht: er ist nicht von »hinter der Welt«, er kennt sich aus, er kann sich auf dem Parkett bewegen, er hat gottswundertief auch hinter die Kulissen gesehen: er weiß, was man so im Lande der Lebendigen denkt, spürt und empfindet. Und all diese vielverschlungene Lebensbühnenweisheit sagen und lesen sich die Noltenleute wechselseitig vor: einem sonderbaren Strauß möchten wir den ›Maler Nolten‹ vergleichen, bei dem heitere Wiesenblume, vornehmes Gartengewächs und glühende Treibhauspflanze in eins gebunden sind; wir sehen den Reichtum naher wie fremder Zonen, helle und nächtige Einsicht, Erfrischung und Qual. Und wir sehen eine Jünglingshand am Werk, die zum Ganzen runden will, was doch erst Meisterhänden sich fügt.
Um nun aber nicht ungerecht zu sein, müssen wir vernehmlich bezeugen, daß nicht nur Goethescher Schatten, sondern geradeso auch Goethesches Licht über diesem Nolten liegt. Einen Sohn Goethes »aus geheimnisvoller, wilder Ehe« hatte Rudolf Lohbauer einmal den Eduard Mörike genannt, und er selbst, Mörike, sprach von Goethe gelegentlich als dem »Dichtervater«; die stärkste Verbindung besteht in der Tat.
Die Freude am Sehen und die Kraft, mit solcher Sehfreude genau zu sein; die Lust, das Persönliche allgemein zu sagen und durch solche Entschränkung dahin zu gelangen, daß das Allgemeine persönlich wird in Farbe und Lebenshauch; die Gesundheit, die ein Nein zu sagen weiß zur romantischen Zwielichtschwelgerei wie zu jeder Art von Schwelgerei überhaupt, ein Nein zur ichsüchtigen, man möchte sagen parfümierten Wichtigtuerei, ›Schmerzensprahlerei‹ und Manie, ein Nein schon zu jeder krampfhaften Gebärde – das alles ist so mörikisch wie es goethisch ist, und das Schimmernd-Durchsichtige, das Bergwasserartige in Goethes Werk hat – neben Stifter – nie einen besseren Nachfahren, einen selbständigeren Verwalter gefunden als eben Mörike.
Dies gilt vor allem für die Gedichte Mörikes, von denen an die dreißig im ›Nolten‹ verstreut zu finden sind. Von ihnen aber haben wir erst an anderer Stelle im Zusammenhang zu reden.

Das erste Exemplar des fertigen *Nolten* – um in den rechtmäßigen Gang der Ereignisse zurückzukehren – war im August 1832 gewiß in Luises Hände gekommen, und dem guten Kind mochte wunderlich zumute sein, wenn es hier für alle Welt gedruckt las, was doch zuerst als Liebesblatt nur in ihre Kemenate geflogen war:

Wenn ich, von deinem Anschaun tief gestillt,
mich stumm an deinem heil'gen Wert vergnüge,
dann hör ich recht die leisen Atemzüge
des Engels, welcher sich in dir verhüllt.

Mußte sie nicht da schon fragen, was der Geliebte, der Immer-noch-Geliebte seine Agnes fragen läßt: »O werden wir denn auch jemals für einander taugen? Das ist ja eben der Jammer, daß er sich selber so betrügt... Meinet ihr denn, wie er im vorigen Herbst da war, ich hätte nicht gemerkt, daß er oft Langeweile bei mir hatte, daß ihn etwas beengte, stocken machte?« Wußte sie's, ahnte sie's, daß die hohe Liebeskraft der Dichter und der Weisen, die Kraft, Menschen zu überschätzen, zwar stark genug ist, um immer wieder für die kostbare Stunde Menschen des engeren Kreises in ihrem schönsten eigenen Wert zu bestätigen, sie wachsen zu machen zu sich selbst, daß sie aber nicht ausreichen kann, um Menschen zu verwandeln, um fürs Leben zusammenzufügen, was nun eben doch nach verschiedener Richtung hin, unter verschiedenem Gesetze lebt, hier: die Zierlich-Kreisende und den Mann von unterwegs?
Denn unterwegs: das war ja nicht nur der Reisebefehl eines hohen Konsistoriums, dem Mörike, lustig und unlustig in einem, Folge leistete, unterwegs: das war das selbsteigene Wanderwort im Angefochtenen und im Guten. Im Guten hieß es:

und mein ganzes Leben
wär im leichten Wanderschweiße
eine solche Morgenreise!

Im Angefochtenen aber:

So ist mein scheuer Blick,
den schon die Ferne drängt,
noch in das Schmerzensglück
der Abschiedsnacht versenkt.

Unterwegs: es war ja nicht so, daß er sich fortgestohlen oder fortgehimmelt hätte, wie wir es in den romantischen Lebensläufen zuweilen lesen können, und so zählen wir ihn denn auch den Romantikern nicht zu. Er hat sein Hier und Heute zärtlich und zuweilen selbst herzhaft geliebt: die Albberge in ihrem blauen Höhenzug, die Pfarrgärten von Ochsenwang und Owen, Joli, den Seidenspitz, auch Nikodemus genannt, und den Staren Tartini, mit dem er musikalische Morgengespräche führt, die Freunde, Bauer und Mährlen vor allem, und die Geschwister Tugut und Tunichtgut – Luise Mörike freilich, die vor allen geliebte, war 1827 gestorben –, er war gewiß nicht tagflüchtig aus wehleidiger Pein. Aber wehren konnte er ihm nicht, dem Reisewind, der dem Bürgerfrieden den Garaus macht und die Bürgerlampe ihm auslöscht. Nein, wehren konnte er dem nicht, dem mußte er folgen. Wo würde er ihn hinführen? In den Tod? In den Tod noch nicht. Dorthin war Nolten gegangen – und Nolten war gegangen, damit Mörike lebe. Aber in den Geist- und Geisterkreis hinaus: zum Sicheren Mann, zu den Glockendieben, zur schönen Lau, zu Anakreon, zu Catull, zum Turmhahn, zur Christblume, zu Mozart, zum Wald der Geheimnisse: »Ein Tännlein grünet wo –«. Ja, im Guten und im Angefochtenen würde es auch weiterhin »unterwegs« heißen. Und Cleversulzbach? Wer nach Orplid will, nach dem wirklichen Orplid – ach, dem ist Cleversulzbach viel zu nah.

Cleversulzbach

Immerhin, Cleversulzbach. Ihr, Menschen des zwanzigsten Jahrhunderts, besteiget in Öhringen, einem kleinen, hohenlohischen Fürstensitz, eine Kraftpost; und dann fahret ihr durch das Land zwischen Kocher und Jagst, ein helles, sanftgewelltes Land, ein Stündchen fahrt ihr dahin, Blitzfeld, Langenbeutingen, Brettach heißen die Haltepunkte, schließlich kommt Cleversulzbach. Und vor einer kleinen Postagentur hält das Auto, ihr dürft aussteigen und dem Ledersack zusehen, der in die Hand der Postbotin wandert. Ist kein Brief dabei an ›Hochwohlgeboren Herrn Pfarrer Mörike‹? Nein, die sind alle längst angekommen und längst beantwortet. Nun denn, so macht ihr euch auf den Weg, was da schon Weg heißen will. Denn da sitzt alles beieinander und sagt sich Grüß Gott, sieht sich in Fenster und Dachluke:

Herzlieber Turm und Kirchendach,
Kirchhof und Steglein übern Bach!
du Brunnen, dahin spat und früh
Öchslein springen, Schaf und Küh,
Hans hinterdrein kommt mit dem Stecken,
und Bastes Evlein auf dem Schecken!

Die Ev könnt ihr dann nach dem Pfarrhaus fragen, und sie wird euch das große Haus weisen, so an die hundert Schritt von der Kirche entfernt, kein schönes Haus. Aber tretet unbekümmert ein, gehet die breiten, flachen Stiegen hinauf, zwei bis zum ersten und nocheinmal zwei bis zum zweiten Stock, und da oben steht noch immer »Amtszimmer« geschrieben, und jeder, der eintritt, gibt dem Turmhahn recht:

Hier wohnt der Frieden auf der Schwell,
in den geweißten Wänden hell
sogleich empfing mich sondre Luft,
Bücher- und Gelahrtenduft,
Gerani- und Resedaschmack,
auch ein Rüchlein Rauchtabak.

Sodann dürft ihr Register einsehen, alte, schweinsledergebundene Kirchenbücher: »Familienregister für Clever-Sulzbach, begonnen 1835 durch E. Moerike, Pfarrer«, so heißt's wahrhaftig in schöner großer Zierschrift. Daneben steht das Protokollbuch des Kirchenkonvents, der alten Dorfexekutive, die »ledige Pursche, wo sich nachts herumtreiben«, Ehefrauen, die in Händel kommen, uneheliche Mütter und rauhbauzige Männer abzustrafen, Lichtkarze und Spinnstuben zu überwachen hatte, ein halb weltliches, halb geistliches Kollegium, dessen Verhöre sich ergötzlich lesen wie folgt: »Ob Zimmermännin die Barbara Bayer an den Zöpfen genommen habe‹?« Zimmermännin: »Nicht angeregt habe sie dieselbe.« Bayerin: »Ja, sie habe sie an den Zöpfen genommen.« »Ob Zimmermännin den Georg Stuible verliederlicht habe?« Zimmermännin: »Sie habe allerdings ausgesagt, daß er ein schlechter Zahler sei. Das sei aber keine Verleumdung, sondern lautere Wahrheit.«

Mörike selbst hat das Protokollbuch nur wenig, dann aber mit Bedacht und Milde gefördert. Ihr schließet das Buch und seht euch um: nein, mehr Mörikesches findet ihr hier nicht. Da müßt ihr hinabgehen, in den Garten hinaus, der auf der Höhe des ersten Stockwerks liegt: gute Güte, was für ein Garten! Eine Buche ist da, in ihrem Stamm entdeckt ihr ein »H«, das Hölty bedeuten soll: das hat das Mörike-Messer selbst eingeschnitten, in einem Gedicht ist von dieser Buche zu lesen. Dieses »H« ist die einzige Mörike-Reminiszenz. Die einzige? Ach nein, der ganze Garten duftet nach Mörike, nach seinem Obst- und Rosensegen, seinem Rettich und seinem Salat, duftet nach Eswareinmal und Jelängerjelieber. Da drüben ist das Pförtchen, und wenn ihr nur ein wenig verzaubert seid, so quietscht's euch nicht, nein, melodisch geht's durch die Angel: »Ach, nur einmal noch im Leben«, so wie es Mozart in der Titusarie meint. Da drüben, gleich am Gartenrand fängt das Ährenfeld an, Verrenberg, Schäferbühl und Kochertal locken, lasset sie locken, lasset auch den Friedhof noch warten, wo unter der großen Linde, Schillers und Mörikes Mutter begraben liegen – er selbst, Mörike, hat Schillers Mutter den Grabstein gesetzt –, bleibet noch eine Weile im Garten, setzt euch in die Laube, nicht mehr die Mörike'sche; aber wenn ihr eine Weile dort gesessen seid, die Zitronenfalter euch umspielt und die Sommerblumen euch umduftet haben, dann werdet ihr bald nicht mehr wissen, ob man jetzt 1938, 1983 – oder 1834, 1838, 1843 schreibt.

Da also hat er gelebt, von 1834 bis 1843, es waren in vieler Hinsicht seine besten Jahre: auch wenn es die reine Idylle, die man sich unwillkürlich vorstellt, natürlich nicht war. Dazu hätte er nicht der sein dürfen, der er war. Aber freilich, wenn er euch jetzt in den Weg tritt, nicht im schwarzen Habit, sondern farbig gekleidet, im Waldschützenkittel vielleicht oder in angenehm grünem Tuch, oder am End gar noch im morgendlichen Schlafrock, wenn er euch mit seinen kurzsichtigen Augen ansieht und euch begrüßt mit der Stimme der Gelassenheit, dann denkt ihr wohl: so möchte man's haben. Aufstehen, wann es einem gefällt; wann es einem gefällt, auch liegen bleiben und bei Tee und Zwieback den Morgen im Bett verbringen, dann also in den Garten hinaustreten, einen Lustwandel tun, einige Gartengeschäfte ins Auge fassen, ein Büchlein aus der Tasche ziehen, horazisches Versmaß sachte skandieren und zuweilen mit dem Bleistift eine Zeile festhalten, nach der Straße hinübergrüßen und auf die Kinder achten, die einen Vers singen. Oho! den sollte man doch kennen:

Regen – Regentropfen,
Buben muß man klopfen,
D'Maidlin muß man schonen
wie die Ziteronen.

Und so dem lieben Herrgott den Vormittag stehlen, bis an einem Fenster des Pfarrhauses ein rundliches Gesicht erscheint, ein Kopf sich herausbeugt, und eine Stimme – Klärchen Mörikes Schwesterstimme – ruft: »Eduard, komm zum Essen!« Nach Tisch dann in die Studierstube sich zurückziehen, ein Kapitel aus der Heiligen Schrift meditieren, einen Hartlaub-Brief beantworten, recht umständlich und genau das Siegel auf das Faltblatt drücken, ihn zur Post geben, einen Krankenbesuch im Dorf drunten machen, einen und noch einen, danach heimkommen, die Zeitung lesen, den ›Schwäbischen Merkur‹, noch einmal an einem Verse bosseln und dabei die abendliche saure Milch erwarten. Schließlich, nach dem Abendessen, ganz wie es in der ›Ländlichen Kurzweil‹ beschrieben ist, bei der Schwester und der Mutter, seinen Hausfrauen, um die Lampe her sitzen:

Reinliche Gefäße vor sich,
eiferten die guten Frauen,
wer des vielkörnigen Mohnes
größern Haufen vor sich bringe –
während ich, zunächst dem Lichte,

in den Haller Jahresheften
blätterte und hin und wieder
einen Brocken gab zum besten.

Zeitig löscht man das Licht und zieht sich zurück, allenfalls noch den Rabausch erwartend. Den Rabausch? Nun, den Hausgeist, der umgeht im Cleversulzbacher Pfarrhaus, ein alter Pfarrer, der, wie die Sage wissen will, nicht ›gutgetan‹ habe zu Lebens- und Leibeszeiten, und jetzt geisterweise seine Ruhe suche. Ihm, dem »alten Maulwurf«, zuhören, seinem Geseufz und seinem Geklopf, für Justinus Kerner einen Bericht darüber meditieren, am Ende aber ihn und sich und alles häusliche Leben in Gottes Hut befehlen; das sind so die letzten Beschäftigungen des Eduard-Mörike-Tages; und da ist Montag wie Dienstag, und Dienstag wie Mittwoch, kaum daß man wahrnimmt, wie die Woche dahingeht. Auch der Wochenschluß macht, der Wahrheit die Ehre zu geben, selten genug eine Ausnahme, und was der Turmhahn zusammenfabuliert:

Mein Herr fangt an sein Predigtlein
studieren; anderst mag's nicht sein –

das hat er nicht in aller Zeit an seinem Lobsänger sich absehen können. Dem nämlich kommt die Predigtpflicht oftmals nicht zupaß, und ein Vikar muß in die Lücke springen. »Ich muß wie Sir John Falstaff sagen: ich weiß nicht mehr, wie das Innere einer Kirche aussieht« – heißt es in einem Brief dieser Pfarrhausjahre. Und wenig Gewissen macht er sich draus, am heiligen Sonntag, während der Kirchzeit im Grase zu liegen und zwischen Wachen und Schlafen dem Vaterunserläuten entgegenzuträumen.
Ihr seid enttäuscht von diesem Lebensstil, der so gar keine kräftigen »poetischen Freßwerkzeuge« entwickelt? Lediglich Rücksicht auf den Namen ›Eduard Mörike‹ halte euch zurück, hier von Tagdieberei und Zeittotschlägerei zu reden? Halte sie euch immerhin zurück! Denn eben den Tag, den er – wir sagten's selbst – gestohlen hat, den hat er dann auch herrlich zurückgegeben. In diesen Jahren entstand (nachdem ›Lucie Gelmeroth‹, ein kleines Geschwister des ›Nolten‹,

schon vor der Cleversulzbacher Zeit geschrieben worden war) ›Der Schatz‹, das Zaubermärchen vom Herrn Arbogast, ›Der Bauer und sein Sohn‹, ein Juwel, und ein Operntext ›Die Regenbrüder‹ – und in der gleichen Zeit wurde die Gedichtausgabe vorbereitet und 1838 zum Ziel geführt. Und wenn das Mörike-Leben seine Rechtfertigung nicht in sich selbst finden sollte – es wird einer besonderen Einsicht und Liebe bedürfen, um in diesem Leben den Goldgrund der Tapferkeit und der Geduld wahrzunehmen – so sind da die drei Handvoll Gedichte, die zu den aus dem *Nolten* uns schon bekannten hinzukommen, und ihr Dasein wird uns, was Fleiß und Muse betrifft, eines neuen belehren.

Diese Gedichte, bei Cotta erschienen und, wie die erste Seite ausweist, »Seinem Freunde Wilhelm Hartlaub zum Zeichen unveränderlicher Liebe gewidmet« – wir stocken füglich bei der Bemühung, ein Wort über sie zu sagen. Jedes, das wir sagen können, darf nichts anderes wollen, als sich entbehrlich machen: vergeßt, will jedes bitten, vergeßt, was hier steht, aber leset Mörike! Leset vor allem dieses Zauberbuch der Gedichte! Zauberbuch? Durchaus. Denn hier ist Zauberei in allerlei Gestalt. Zauberei ist's, den Leser glauben zu machen, es sei das leichteste Ding von der Welt, jedem müsse es mit ein bißchen Augen- und Ohrensinn beifallen, auf ein Blättchen Papier zu schreiben:

> Schleiche so durchs Wiesental,
> so durchs Tal,
> als im Traum verloren,
> nach dem Berg, da tausendmal,
> tausendmal
> er mir Treu geschworen.

Ja, so steht es da, stolziert gar nicht prächtig hin und wider, und ist doch nicht weniger als ein vollkommenes Gedicht, und vollkommene Gedichte wachsen unter keiner Sonne wie die Goldparmänen im Herbst: baumweise und körbeschwer; eines ist immer schon Gnade und Überfluß. Und hier sind ihrer hundert.
Hier ist der kreatürliche Tag. Der hier gedichtet hat, kennt

ihn wohl, kennt sein großes Angesicht, seine vollen und hohen Gezeiten: den Morgen, der die ›Fußreise‹ erhellt, die glühende Stunde des Mittags, lange Nachmittage am Wald und den roten Abendschein im »freundlichen Städtchen«. Und die Nacht. Die beginnende:

> Wie süß der Nachtwind nun die Wiese streift –

und die elfisch-geheimnisreiche:

> Bei Nacht im Dorf der Wächter rief: ›Elfe‹!

Und die Mitternacht. Und ihr hat er jenes ›Um Mitternacht‹ genannte Gedicht entgegengeschrieben, in dem sie für alle Zeiten der deutschen Sprache gültig-endgültige Stimme empfangen hat:

> Gelassen stieg die Nacht ans Land.

Da ist sie, ganz schweigende Riesin, Mutter des Lebens, zu der alle Gesichte, Geräusche und Gebärden des Tages heimkehren können:

> Ihr Auge sieht die goldne Waage nun
> der Zeit in gleichen Schalen stille ruhn.

Heimkehren können, nicht um zu versinken, sondern um weiterzuleben an der großgewölbten Brust:

> Und kecker rauschen die Quellen hervor,
> sie singen der Mutter, der Nacht, ins Ohr
> vom Tage,
> vom heute gewesenen Tage.

Ja, die kennt er, die Mitternacht, wie die Geister am Mummelsee sie kennen und wie der »Sichere Mann« sie für seine Nachttaten schätzt:

Kaum erst hatte der Wächter die zwölfte Stunde gerufen,
alles ist ruhig im Dorf und nirgends ein Licht mehr zu sehen,

nicht in den Kunkelstuben gesellig spinnender Mägdlein, nicht am einsamen Stuhle des Webers oder im Wirtshaus, Mann und Weib im Bette, die Last des Tages verschlafend.

Und dann kennt er die vergehende Nacht, und sie, so meint man wahrzunehmen, kennt er am besten, ihre rätselvolle Grenze, ihren geheimen Übergang in den Tag. Und mit dieser Kenntnis ist er ganz der Knabe von der Ludwigsburger Dachluke, ganz der Schüler Peregrinens:

> Kein Schlaf noch kühlt das Auge mir,
> dort gehet schon der Tag herfür
> an meinem Kammerfenster.
> Es wühlet mein verstörter Sinn
> noch zwischen Zweifeln her und hin –

und:

> Früh, wenn die Hähne krähn,
> eh die Sternlein verschwinden –

und:

> Derweil ich schlafend lag,
> ein Stündlein wohl vor Tag –

und:

> Es graut vom Morgenreif
> in Dämmerung das Feld –

und:

> In aller Früh, ach, lang vor Tag,
> weckt mich mein Herz, an dich zu denken,
> da doch gesunde Jugend schlafen mag. –

Gesunde Jugend, freilich: aber der nicht, der hier seine eigentliche Lebensstunde durchzuwachen, durchzuleiden, durchzugestalten hat.

Und hier ist das Jahr der Erde. Der Vorfrühling, den keine Pracht verwirrt:

Veilchen träumen schon,
wollen balde kommen –

aber ungescheut auch die ganze Frühlingsfülle und -verschwendung, doch unverschwenderisch in eines gepreßt, und wir müssen's weit entfalten, um es ganz zu erfahren: Wiese und Wiesenduft, Himmelsbläue und heißatmende Erde:

Nur noch das Ohr dem Ton der Biene lauschet.

Und der Sommer steht auf »bei kühlem Wasser, Schilf und Rohr«. Dies ist der Sommer. Dies sind die lautlosen Mittagsstunden, die über lautlosen Wassern brüten, sind die Vögel, die schwer und niedrig aus dem Röhricht fliegen, sind die Glühwürmchen, die eine heiße Nacht durchfunkeln:

Was sind das helle Fensterlein?
Da drinnen wird eine Hochzeit sein –

Und dann der Herbst, sein unmerklicher Beginn; da es eben noch Sommer hieß und nun doch nicht mehr Sommer heißt:

Bald siehst du, wenn der Schleier fällt,
den blauen Himmel unverstellt,
herbstkräftig die gedämpfte Welt
in warmem Golde fließen.

Und schließlich der Winter. Lautloses wird hörbar, Verschwiegenes wird Gesang. Es steht in jenem ersten Gedicht der Sammlung ›An einem Wintermorgen, vor Sonnenaufgang‹, dem Gedicht eines Einundzwanzigjährigen, an keiner Stelle geschrieben, daß Winter ist, und doch ist Winter, Wintermorgen in jeder Zeile. Winterklarheit fällt in diesen offenen Seelengesang. Und leset die beiden »auf eine Christblume« hindeutenden Gedichte. Vom Claudiusschen ›Lied, hinterm Ofen zu singen‹ bis zu Mörikes ›Christblume‹ spannt sich der Bogen über das Wintererlebnis der dichtenden

Deutschen. Wir lieben die bärbeißige Kernfestigkeit von Herzen, aber darum können, möchten wir doch nicht missen eine höchste, geisterhafte Anrede wie diese:

Schön bist du, Kind des Mondes, nicht der Sonne;
dir wäre tödlich andrer Blumen Wonne,
dich nährt, den keuschen Leib voll Reif und Duft,
himmlischer Kälte balsamsüße Luft.

Und hier ist – den kreatürlichen Tag und das irdische Jahr überschneidend – der Ring der Schöpfung, angeschaut von den Augen eines Dichters, von dem es zu Recht heißt, daß er nur eine Handvoll Erde zu nehmen und zu drücken brauche, und schon fliegt ein Vöglein durch die Luft. Hier gibt es weder klein noch groß, denn das Kleine ist groß. »Andacht zum Unbedeutenden« – die Prägung Sulpiz Boisserées – sie dünkt uns Mörike auf den Leib zugeschrieben. Nur: was heißt hier »unbedeutend«? Er hat den Steinen sich ergeben, der goldenen Traube, den Bienen und dem Schnakengezücht. Und wenn er dann die Elemente beschworen hat, alle Wetter gegeneinanderstoßen heißt, den Feuerreiter durch die Gassen jagt und den Fluß in könglicher Gewalt dahinfahren läßt:

Schwill an, mein Fluß, und hebe dich!
Mit Grausen übergieße mich!
Mein Leben um das deine!

so finden wir keinen anderen Mörike am Werk: er hat sie alle, die kleinen wie die großen Zeichen, geliebt mit der gleichen Liebe. So haftet den kleinen nichts Zöpfisch-Pittoreskes an, den großen nichts Pathetisch-Überhöhtes. Sie neigen sich einander entgegen, und wie sie in eines Dichters Herz ein- und ausgingen, so gehen sie in Wahrheit ein und aus.

Und weiter: hier sind die Lebensläufe des Herzens. Hier ist die Kindheit. Die eigen-erinnerte:

Nachbar Büttnermeisters Höfchen,
wo die großen Kufen lagen –

und die neugestaltete aus der ›Kinderszene‹ mit dem tortensüchtigen Hofrat. Die Jünglingsjahre sind hier, ihrer gedachten wir schon, und die Liebesgezeiten:

So ist die Lieb! und war auch so,
wie lang es Liebe gibt,
und anders war Herr Salomo,
der Weise, nicht verliebt.

So hat er also Peregrina überwunden, fraget ihr? Überwunden: kaum. Aber dies Herz stand gut nicht nur für *einen* Liebeston. Der wilde hatte Platz darin und der kecke, der seufzende und der schmollende, der übermütige und der andächtig-ehrfürchtige, und Ehrfurcht war noch im kecksten.
»Es steht doch nichts Frivoles drin?« fragte der sterbende Mörike im Hinblick auf seine Gedichte. Nein, es steht nichts Frivoles darin. Von der Skala aber des menschlichen Empfindens findet ihr jede Stufe, die Gelassenheit und die Festigkeit, die Trübseligkeit und die selige Beschaulichkeit.

Hassen und lieben zugleich muß ich. – Wie
das? Wenn ich's wüßte!
Aber ich fühl's, und das Herz möchte zerreißen
in mir.

Das ist Catull, ein römisches Distichon also, von Mörike übersetzt. Aber ist es nicht zugleich der ganze Mörike?

Und ich sprach zu meinem Herzen:
»Laß uns fest zusammenhalten!
Denn wir kennen uns einander,
wie ihr Nest die Schwalbe kennet,
wie die Zither kennt den Sänger,
wie sich Schwert und Schild erkennen,
Schild und Schwert einander lieben.
Solch ein Paar, wer scheidet es?«

Aber das ist doch nicht Mörike, werdet ihr sagen. Doch, auch dies ist Mörike. Er ist, den Registranten zum Tort, immer so und dann wieder ganz anders: keusch und sinnenlustig, schwermütig und heiter, weltfreudig und fromm.

Fromm: – um hierüber noch ein letztes Wort zu sagen – in dem Sinn, in dem es der Maler Nolten meint (»Ich gab mich gerne einer Beschaulichkeit hin, die man fromm hätte nennen mögen, wenn eine innige Richtung der Liebe auf die Natur und die nächste Außenwelt diese Benennung verdiente«), fromm also in dieser Bedeutung des Wortes sind alle seine Gedichte. Sie sind es zu einem kleinen Teil dann auch im ausdrücklichen, christlichen, geistlichen Sinn, und man versteht von Mörike nicht viel, wenn man einen bewußten Gegensatz zwischen seiner Pfarrers- und seiner Poetenbotschaft herstellt:

> Herr, schicke, was Du willt,
> ein Liebes oder Leides,
> ich bin vergnügt, daß beides
> aus Deinen Händen quillt.

Das gehört für Mörike zu den Grundfesten seines Lebens, so gewiß wie

> Die Seele fliegt, soweit der Himmel reicht,
> der Genius jauchzt in mir! –

und:

> Hüter, Hüter ist die Nacht schier hin,
> und: was rettet mich von Tod und Sünde?

das muß so dringend gefragt werden wie

> – warum mit Geisterschnelle
> wohl der Wind die Flügel rührt,
> und woher die süße Quelle
> die verborgnen Wasser führt?

Er, der in Tag und Jahr, Freuden- und Leidenschaft die Grenze gekannt und immer wieder aufgesucht hat, er hat wahrhaftig auch an die Gottesgrenze gerührt: in tiefer Scheu überschreibt er das Gedicht von den ›Elementen‹ mit jenem Bibelwort, das in seinem Urgrund so viel Mörikesches spie-

gelt wie kaum ein zweites: »Das ängstliche Harren der Kreatur wartet auf die Offenbarung der Kinder Gottes.«
Ja, ein Zauberbuch ist da vor hundert Jahren ins Land hinausgegangen, und einen Zauberer müssen wir diesen Mörike heißen. Da lebte er, wir haben's geschildert wie, getreu seinem Wahlspruch »No nix forciere«, dem Motto der Zeittrödler und der Philister. Und richtig, ein philiströses Gebaren trug er bisweilen vor sich her. Aber das alles geschah doch nur, um die eigentliche Arbeit in reinster Verborgenheit wachsam betreuen zu können: das Wachstum seiner kostbaren Verse. Um damit in Ruhe gelassen zu werden – dafür hat er dieses sein Leben als eine Tarnung aufgerichtet. Andere, heftigere Geister haben sich wohl als Bruder Lustig und Tausendsassa gebärdet, um sich nicht in die ernsten Karten sehen zu lassen, er, Mörike, bevorzugte das Mimikry des Biedermannes. Mit Erfolg. Mit dem erschütternden Erfolg – so meint man zuweilen noch immer zu sehen –, daß viele an dem schwäbischen Haus- und Landespoeten, der er unter anderem auch war, Genüge finden, die Musterkärtchen und Spielreime, die heitere Oberfläche seines Lebens für das Ganze nehmen und die Tiefe unerobert lassen, aus der doch erst die mächtigsten Kräfte der Verwandlung und Heilung aufsteigen. Hat man aber einmal die List am Werk gefunden, die Zauberlist der echten Poeten, dann gewinnt auch das scheinbar untätige Leben neues Gesicht.

Wir haben uns, ihr werdet's zugestehen, redlich Mühe gegeben, das *schöne* Cleversulzbach euch zu zeigen. Daß aber in unserer Beschreibung dieser Jahre dies und das fehlt, das dürfen wir jetzt nicht mehr länger verschweigen.
Da müßte zum Beispiel die Rede kommen auf Mörikes Gesundheit, mit der es in diesen Jahren beständig bergab ging. Die Vikare müßten erwähnt werden, diese notwendigen, aber wohl nicht immer geschickten Amtsstellvertreter, diese nicht immer taktvollen Hausgenossen – wie denn gewiß auch Eduard Mörike kein musterhafter Vorgesetzter gewesen sein mochte:

> Der Herr Vikare
> red't immer das Gute und Wahre,

– – – –
Nein, auf Ehre,
wenn nur ich so wäre!

Die Geldverlegenheiten dürften nicht verschwiegen werden, mit denen er jedes Jahr begann und beschloß, wofern ihm nicht Hartlaub mit seinem Beutel beisprang. Dann atmet er für eine Weile auf: »Gottlob! nun sind mit 550 Gulden so an die vierzig Kerle totgeschlagen und wird mich ihrer keiner mehr beißen noch zwacken.« Schließlich sind die eigenen Brüder zu nennen, die immer mehr Sorge und Verlegenheit ins Haus bringen; ach, und weit darüber hinaus ganz einfach alle unerfüllten Wünsche, alle die Lebensfreundlichkeiten, die am Cleversulzbacher Pfarrhaus vorüberziehen. Als einmal ein biederer Kollege, der Pfarrer Wolf aus Rinderfeld, einen Besuch gemacht hatte, da schreibt Mörike an Hartlaub voller Wehmut: »Ja, das ist doch ein wahrer Friedensmann, dem man in allen Stücken gleichen, in dessen Haut man geradezu mit allen fünf Sinnen stecken möchte. Das Rührendste von so einem Menschen ist eben, daß er auch keine Ahnung davon haben kann, wie wohl er einem tut mit seiner bloßen Gegenwart. Ich – spürte, mein Seel, etwas von Neid: so heimlich dacht' ich mir's, den Wolfen zum Vater zu haben.«
Der Pfarrer Wolf hatte ihm erzählt, daß er seinen Sohn nach Brackenheim in eine Schule tue, zuvor aber noch in Heilbronn eine gute Pelzkappe für ihn kaufe, Handschuhe und eine blecherne Waschschüssel. Und da möchte also Mörike in des Vaters oder des Sohnes Haut stecken ... er, der Mann Mörike, der ein Herr war über Bezirke einer zitternden Seligkeit, von der sich der gute Wolf nichts träumen ließ, und der dann doch ein Kind geblieben war an einer tiefen und wichtigen Stelle.
›Kind‹ sagte zu ihm zu der Stunde, da er diese Epistel an Hartlaub schrieb, niemand mehr, und er hätte doch so gern diesen guten Namen gehört. Aber schon ein Jahr zuvor, im Jahre 1841, war seine Mutter in Cleversulzbach gestorben. »Das ganz Unglaubliche ist geschehen«, schreibt er, »es ist, ist wirklich so, und unwiderruflich.« »Wie ist es möglich, daß wir hier fortleben?« hatte er schon damals im Trauerbrief gefragt.
Danach kommt noch einmal ein Versuch, das ganze Clever-

sulzbacher Dasein auf den Rücken zu nehmen, und bald darauf die Einsicht: daß er's nicht kann. Und wie dann zuletzt ein »hochpreislicher Erlaß« ihn kurz und bündig vor die Entscheidung stellt, entweder ohne Vikar das Amt zu versehen oder abzudanken, da entschließt er sich, Valet zu sagen: dem Haus, dem Dorf, dem Amt.
»Unsere Abreise« – heißt es im letzten Cleversulzbacher Brief – »war auf den 5. September festgesetzt. Wir werden aber wohl noch drei Tage zugeben müssen, so daß am 8. sich mit mir ein neuer Mensch (Gott geb's) in die Welt hinauswagt.« An eben diesem 8. September 1843 begann Mörike sein 40. Lebensjahr. »Ein neuer Mensch?« Wie sollte das zustandekommen: ein neuer Mensch?

Fränkisches Zwischenspiel

»Es ist beinahe zu schwer gewesen für *einen* Mann und hat bei drei Zentnern gewogen.« Das Amtssigill nämlich, das Mörike in Cleversulzbach zurückließ und von dem er diese bittersüße Scherzgeschichte seiner kindlichen Freundin, der Agnes Hartlaub, berichtet. Ja, das mag wohl sein. Ob aber die Luft der Freiheit nicht auch drei Zentner oder mehr als drei Zentner schwer auf Schulter, Herz und Leben lasten kann, auch sie zu schwer für *einen* Mann?
Er hat sein Amt nicht liebgehabt. Er hat es freilich auch nicht gehaßt. Er hatte zu dem, was ihm sein Amt befahl, sehr wohl ein Verhältnis gefunden, nicht zu allem, aber doch zu den Hauptaufgaben darin. Auf den Pfarrkonventen, montags um zwei Uhr in Neuenstadt an der Linde, ließ er sich wenig blicken, und als er dann einmal erschien auf einer von den jährlichen Pfarrdisputationen, die – hie gut Württemberg allewege! – in ein habhaftes Mittagessen mündete, da konnte er fragen: »ob der Fraß um der Disputation willen oder die Disputation um des Fraßes willen statthabe?« – Aber von seiner Predigtgabe waren die Cleversulzbacher mehr erbaut als einst die Tübinger Fakultät, und von seinem biblischen Unterricht hieß es, man habe die Palmen Palästinas darin rauschen hören. Und wie sollte denn auch der, der die Strophe ›Auf ein altes Bild‹ gedichtet hat, das ›Schlafende

Jesuskind‹ und den ›Kirchengesang zum neuen Jahre‹, zur Botschaft Jesu kein nah-persönliches Verhältnis gehabt haben? Und was die Seelsorge betraf, so gedachte der alte Hartlaub noch in einem späten Brief bewundernd der »himmlischen Güte und freundlichen Herablassung zu den Armen, Niedrigen und Verachteten«.

Nein, nicht *was* ihm sein Amt befahl, war ihm fremd, nur *daß* ihm sein Amt befahl, daß es ihm nicht erlaubte, zu jeder Zeit und Stunde seinen Einfällen, Bildern und Gesichten nachzugehen, das beengte und bedrängte ihn sehr. Es ist das ja eine Frage, die jeden dichterischen Menschen beschäftigt und die keiner für den anderen beantworten kann: ob der Dichter einen bürgerlichen Beruf, der zwar einen Teil seiner Zeit beschlagnahmt, ihm dafür aber auch eine gewisse Grundlage, und nicht nur eine materielle, für dichterische Freiheit gewährt – als Glück oder als Unglück ansehen solle. Ob er weiter, wenn er sich für einen Beruf entscheidet, in der engeren Wahl der Berufe ausgehe auf einen, der mit seinen innersten poetischen Aufgaben in Wechselbeziehung zu treten vermag, oder auf einen, der sie in nichts zu befruchten, zugleich dann aber auch in nichts zu beunruhigen und zu stören vermöchte. Wir können am Mörikeschen Dasein die Frage reichlich studieren, bündig beantworten können wir sie nicht.

Nun denn, fürs erste hatte er sich entschieden; und auf die Frage wohin hatten Hartlaubs mit herzlicher Willkommgebärde geantwortet: zu uns. So verbringen Eduard und Klärchen den Winter in Wermutshausen, beratschlagen über die Zukunft, studieren die Landkarte, und als Schwäbisch-Hall in den Gesichtskreis tritt, da sagt Mörike: da ziehen wir hin. Und das war gewiß keine schlechte Wahl. Schwäbisch-Hall, eine alte Reichsstadt, festlich über dem Kocher aufstehend, durch das Münster von Sankt Michael mit der ungeheuren Treppe ebenso wie durch ein Salzbergwerk berühmt, in linder fränkischer Landschaft gelegenen, war eine Stadt, wie man sie für Poeten sich nur wünschen mag.

Zunächst läßt sich alles gut an. Die alten drei Zentner, von denen er schwermütig fabuliert hatte, waren dahintengeblieben, die neuen hatten sich noch nicht eingestellt. Er atmet freier.

Aber bald – es geht gerade erst auf den Herbst 1844 zu – entdeckt der luftempfindliche Mann, daß die Kocherwinde doch rauher sind, als er gedacht hatte; die alten rheumatischen Leiden erscheinen wieder, und ehe der Winter kommt, entschließt er sich, noch einmal das Domizil zu wechseln. Mergentheim wird gewählt, die klimatisch mildeste Stadt des Landes, und hier bleibt er nun sieben Jahre, ein treuer Besucher ihrer Heilquellen. Eine vor dem Winter noch bezogene Übergangswohnung, die Fuchshöhle genannt, wurde im Frühjahr darauf verlassen. Nun mietete er sich ein im Hause des Oberstleutnants von Speeth, und der Name dieses Hausherrn gehört zur Sache. Er selbst war zwar zur Zeit von Mörikes Einzug schon ein todkranker Mann und starb noch im Laufe des Jahres 1845, Frau und zwei Kinder hinterlassend: Wilhelm, ein Familienkreuz, und eine Tochter namens Margarete. Margarete von Speeth aber wurde Mörikes Frau.
Wie das? Es ist nicht mit zwei Worten erzählt. Klärchen Mörike und Gretchen – so fängt es an – waren halbe Altersgenossinnen, beide Ende der Zwanzig, und bald ganze Freundinnen, Eduard lief als Dritter im Bunde. Und so war denn gleich von Anfang an die Konstellation zu dritt – Bruder, Schwester und Freundin – jene, die in der Folge so viel Herzeleid über alle drei, zumeist aber über den Dichter bringen sollte. Fürs erste freilich kamen gute Tage. Die Freundschaft zwischen den beiden Mädchen gestattete bald auch eine herzliche Beziehung zwischen dem liebeseinsamen und doch noch immer liebesdurstigen Manne und der schönen, lebhaft empfindenden, wohl auch empfindlichen katholischen Fränkin. »Geliebte Schwestern beide«, hieß es bald, und in Briefen der Freundin Kläre liegt unversehens eine Nachschrift des Bruders Eduard, in der »Sie« und »Du« sich kecklich vermischen. Es bleibt nicht bei solchen Nachschriften mit mühevollem »Sie«, Briefe kommen mit völligem »Du«, und ein altes Sonett aus der Luise-Zeit bekommt, ein wenig verändert, die neue Überschrift: »An Margarete.« Und über solche abenteuerliche Neufassungen hinaus regt sich der Poet in Mörike von Grund aus, und mit leichterer Hand als je zuvor ein Werk schreibt er ›Die Idylle vom Bodensee‹, in deren schönstem, fünftem Gesang dem Helden Tone die Schäferin Margarete begegnet:

– sahen aufs neue sich an und herzten einander und lachten
hell vor unschuldiger Lust und schienen sich selber ein Wunder.
Tausendfältig sofort mit Worten bekräftigten beide sich, was wieder und wieder zu hören die Liebenden freuet.

Sah es nun wirklich so hell und heiter auf dem Herzensgrund des Dichters aus, wie es diese Idylle glauben machen möchte mit all ihrer Augen- und Ohrenlust, ihren Tanzschritten und Bocksprüngen guter Laune? Es ist wahr, die Jahre machen in mehr als einer Hinsicht ein freundliches Gesicht. Liebe, erwiderte Liebe allein ist Sonne genug; aber auch die Gesundheit, die immer angefochtene, verfestigt sich ganz überraschend, und selbst den Widrigkeiten der ewigen Geldnot wissen die Geschwister ein übermütiges Schnippchen zu schlagen. Ein »Haushaltungsbuch« aus den Mergentheimer Jahren hat sich erhalten, in dem die Einnahmerubrik so schnell, die Ausgaberubrik aber, aus hundert Kreuzersummen zusammengesetzt, recht langsam addiert werden kann, ein Buch mit Glossen, Schnörkeln und Zeichnungen, ein wahres Sieg- und Triumphbuch. Noch einmal, so meint man's zu spüren, hat das Leben seinen schwierigen Schüler lieb, und in dem kostbarsten Gedicht dieses Jahrzehntes, in dem Vers ›Auf eine Lampe‹ sieht alles nach einem zartgefügten, nach innen gerichteten Frieden aus, dem Frieden eines humanistischen Maßmeisters:

Was aber schön ist, selig scheint es in ihm selbst.

Aber ach, die Welt! Da verkehrt nun dieser emeritierte evangelische Pfarrer Mörike mit dem streng katholischen Fräulein von Speeth so offen, daß man in Mergentheim weiß, was das heißen will. Auch im evangelischen Stadtpfarrhause lernt man's wissen. Und der Kollege, ein Mann namens Wüst, kommt immerhin einmal mit Hartlaub zusammen, stellt Fragen: »Wissen Sie schon –«, fügt hinzu, daß am Fronleichnamsfest die Mörikeschen Fenster geschmückt waren, daß man den Pfarrer a. D. ins Hochamt gehen sehe, genug:

Hartlaub, der von Anfang an nicht nur aus konfessioneller Bedenklichkeit schlecht zu dieser Freundschaft gesehen hatte, wird ernstlich böse, und der Riß, der hierdurch in diese treueste Freundschaft kam, ist, trotz vieler Liebesarbeit auf beiden Seiten nicht wieder ganz geheilt. Es tut weh, die Freunde leiden zu sehen. Mörike schreibt an Hartlaub, den er einmal »neben Urlaub und Geld wie Laub sein liebstes Laub« geheißen hatte: »Ich kann nicht mehr froh sein und Klärchen kann's nimmer, eh wir im alten Liebesgleis und Umgang mit Euch sind.« Und nicht anders Hartlaub an Mörike: »Mir sanken die Arme am Leibe herunter, wenn ich bedachte, wie verändert alles sei gegen sonst.« Beide beklagen den »bösen Schaden am unschuldigen Leib ihrer Freundschaft«. Und können doch nicht Ärzte sein.

Denn Liebenden ist nun einmal schwer zu raten, und Mörike ist zeit seines Lebens zweimal schwer zu beraten gewesen. Und so geht alles seinen Gang, wenngleich mit Verzögerungen. Auch von der Speethschen Seite aus ist man nicht ohne Bedenken, zumal Gretchens Bruder Wilhelm macht immer wieder Schwierigkeiten. Die Jahre gehen hin; Anno 48 werden alle Gedanken, auch die Mörikeschen von der politischen Bewegung ausgefüllt, und als Parteigänger Uhlands erfaßt ihn großdeutsch-völkische Leidenschaft. Dann aber, da nach dem bitteren Parlamentsabschied jeder wieder auf das Seine gewiesen wird, beginnt man in Mergentheim offen von Ehe, Hausstand und neuer Existenzgrundlage, von neuem Beruf zu reden.

Nur, was für ein Beruf kommt denn in Betracht? Noch einmal das Pfarramt? Nein. Ein Mädchenpensionat am Bodensee, eine Hofbibliothekarstelle in Stuttgart und noch manches andere wird erwogen. Schließlich kommt es zu einer Anstellung am Stuttgarter Katharinenstift, der höheren Töchterschule der Residenz. Mörike erhält dort einen Lehrauftrag der ihn wirklich nicht überfordert. Er soll wöchentlich eine, eine einzige Literaturstunde an der Oberklasse erteilen. Und nun folgen – alles im Jahre 1851 – Verlobung, Umzug und Heirat.

Was bringt er in die Ehe mit? Das Hausrätchen, die fahrende Habe können wir nicht groß in Anschlag bringen; sie hat nach seinem Tod alles in allem 800 Gulden gegolten. Vom Tiergar-

ten früherer Tage ist wenig mehr die Rede, bestanden hat er gewiß; die große Steinsammlung, die Liebe der fränkischen Jahre, packt er mit Freuden ein. Ferner: eine halbe Gesundheit und eine halbe Arbeitskraft. Ein Werk freilich, dem nichts Halbes anhaftet: gerade den Gaben der fränkischen Epoche in seinem Leben eignet ein treffliches Salz und – zumal der ›Idylle vom Bodensee‹ – ein besonderer Glanz. Und was noch? Ein reifgewordenes, zuweilen scheu-betuliches, zuweilen aber noch immer und erst recht wieder von Drängnissen umstürmtes Herz. »So arm von außen und so reich von innen«, hatte eine Freundin des Hauses schon Jahre zuvor geurteilt. Das war noch immer wahr.
Hüten wir uns davor, zuviel Wehmut in dieses Mörikebild von 1851 zu mischen. Lassen wir den Anfang, die Gnade, mit siebenundvierzig Jahren noch einmal anfangen zu dürfen, unverstellt von allzuviel Trübnis und dunkler Ahnung. Aber freilich, das mußte er ja wohl wissen und wußte es wohl: daß es ein anderes ist, mit Luise Rau in der Pfarrgartenlaube von Plattenhardt zu sitzen und zu schwärmen:

und unsre Liebe muß dem Adler gleichen

und ein anderes, in Stuttgart, Augustenstraße 14, sich drei Zimmer einzurichten, auf die Erwählte zu warten und den Vers dieser Jahre, den von der ›Neuen Liebe‹ sich vorzusagen. Und wie beginnt dieser Vers:

Kann auch ein Mensch des andern auf der Erde
ganz, wie er möchte sein?
– In langer Nacht bedacht' ich mir's und mußte
sagen: Nein!

Mozart

Er hat ihn von Jugendtagen an geliebt und wieder und wieder Zeugnis abgelegt für diese Liebe. »Erinnerung an einen glücklichen Theaterabend« hat er auf das Figaro-Programm, das sich vom Jahre 1825 in seiner Hinterlassenschaft fand, geschrieben. Den ›Don Juan‹ haben die Freunde im Stift reproduziert, und bei einem Gewitter über Ochsenwang, da »breite gewaltige Blitze wie Rosenschauer in die weiße Stube fielen«, meint er: »Der alte Mozart muß in diesem Augenblick mit seinem Kapellmeisterstäbchen unsichtbar in meinem Rücken gestanden und mir die Schulter berührt, denn wie der Teufel fuhr die Ouvertüre zum Titus in meiner Seele los, so unaufhaltsam, so prächtig, so durchdringend mit jenem oft wiederholten ehernen Schrei der römischen Tuba, daß sich mir beide Fäuste vor Entzücken ballten.« Von der Titusarie hörten wir schon, daß sie sich im melodischen Geknarz des Cleversulzbacher Pförtchens für ihn vernehmen ließ, und eben der ›Don Juan‹, der einmal »die Oper aller Opern« bei ihm heißt, wälzt »einen solchen Überschwall von allem Duft, Schmerz und Schönheit« über ihn her, daß er sich fürchtet, ihn zu hören: vielleicht, daß er in der Peregrina-Zeit ihn besonders getroffen und lebenslang verwundbar gemacht hatte. Vor allem war es das Klavierspiel Wilhelm Hartlaubs, durch das ihm Mozart vermittelt wurde, und in einem ihm gewidmeten Gedicht, wo es heißt:

Ich folge dir in schwarzen Gründen hin,
wo der Gesang versteckter Quellen klang,
gleich Kinderstimmen, die der Wind verschlang,

will nachhorchende Mozartliebe recht deutlich die – 1785 komponierte – c-Moll-Fantasie geschildert finden. Umgekehrt schreibt Hartlaub an Mörike aus der Erinnerung: »Hör ich den Namen Cleversulzbach, so klingt mir's wie ein Mozartsches Klavierstück in As-Dur, so voll, so reich, so schön im edelsten Maß.« Es war Mörike lieb, aus Leopold Mozarts Briefen zu erfahren, daß er mit dem großen Sohn auch in Ludwigsburg gewesen war. Noch nachträglich will es ihm ein Licht über seinen Morgen bedeuten, zu wissen, »daß die kleinen Füße auch über dieses Pflaster gewandert sind«. Nun, vor Abend, leitet ihn Mozarts Geist auf die freieste Höhe seines Werkes. Er schreibt die Novelle: ›Mozart auf der Reise nach Prag‹.

Daß wir aber die Schilderung seines Lebensgangs nicht gröblich unterbrechen: Mörike heiratet, er wird Doktor, Professor, Ritter hoher Orden für Kunst und Wissenschaft, von berühmten Kollegen geschätzt, aufgesucht und in Briefwechsel verstrickt, von unberühmten überlaufen. Tiefer als das alles berührt ihn, was er am 2. Mai 1855 an Hartlaubs schreiben kann: »Ich sollte noch erleben, daß einstmals in der Nacht das Klärchen vor meinem Bett erscheint und sagt: Du kannst jetzt kommen, du hast ein Mädchen. Daraus entnehme ich mit Freuden und mit Staunen, daß Gott es noch gut mit mir vorhat.« 1857 stellt sich zur Erstgeborenen, Fanny, eine Schwester ein, Marie, und für beide Töchter wird der nicht mehr junge Vater der treueste Spielgesell. Einmal wöchentlich, wie es der Auftrag heischt, geht es ins Katharinenstift, um Shakespeare vorzutragen. Daß die Mädchen ihren berühmten Lehrer angeschwärmt hätten, wird wohl eine schöne Sage sein, aber daß sie sehr von seinem »Schwatz erbaut« gewesen sind, ist ihm zu Ohren gekommen, und er berichtet's mit Vergnügen. In diesen Jahren nun geschieht es, daß er – abseits vom Gang der Dinge, so war es ja immer – fabulierend noch einmal tief Atem holt und dann sein reinstes Wort ausspricht. Dem Atemholen entspringt das ›Stuttgarter Hutzelmännlein‹, die große Aussage aber ist die Novelle *›Mozart auf der Reise nach Prag‹*.

Unter den Einfällen, die sich aus Mörikes frühesten Tagen erhalten haben, ist einer aufgezeichnet in einem Diktat, das der Bruder Eduard dem kleinen August aus lauter spielerischen Wort- und Satzprägungen zusammengefügt hatte: »Pfarrer gießt seiner Frau Silberzeug zusammen in eine Kugel.« Herzlich erheitert liest man diesen Unsinn. Erheitert deshalb, weil der Vierzehnjährige mit diesem einen Einfall ein Stück seines Lebens, Wesens und Werkes unverstellt freigegeben hat, alles das nämlich, was mit der Kraft, Unnützliches zu tun, zusammenhängt, dieser Kraft, die allein keinen großen Dichter macht, ohne die aber kein großer Dichter zu denken ist. Er hat diese Kraft zu keiner Zeit seines Lebens brachliegen lassen, und so hat sich ihr Zauber in immer wechselnder Gestalt zu seinem Wege bekannt. Sie hat ihm die alten Puppenspiele, die Maskeraden, Scharaden und Wispeliaden, die Federzeichnungen und Glasbilder, die Spiegelschriften und wer weiß was alles gelingen lassen. Sie blickt durch das ›Märchen vom sichern Mann‹ pausbäckig lachend hindurch, durch den Burschenstreich in der ›Idylle vom

Bodensee‹, und nun feiert sie ihren schönsten Triumph im ›Stuttgarter Hutzelmännlein‹.
Vergebliches Unterfangen, hier zu schildern, vergeblicheres noch, hier zu urteilen. Man muß sie ihren Weg gehen lassen, den Sepp und das Vronele, mit den verwechselten Glücksschuhen, die dann doch zusammenführen, was zusammengehören soll. Man muß ihn sehen. Was sehen! Liebhaben muß man ihn, den Pechschwitzer, den Tröster, den Hutzelmann mit dem Brot, der da wartet auf das Klötzle Blei »glei bei Blaubeura«. Man muß auf einer schwäbischen Landstraße fahren und zuhören, als hörte man sie zum erstenmal, ›die Historie von der schönen Lau‹. Man muß selbst hinaus an den Blautopf und sich über das Wasser beugen, das so blau ist, »als wenn wenigsten ein Stücker sechs Blaufärber samt einem Kessel Bläue darin ersoffen wären«. Man muß zusehen, aber nein, zusehen darf man nicht, wie die schöne Lau zur Frau Seysolff kommt, muß warten, bis sie fünfmal gelacht hat, und fünfmal muß man mit ihr lachen. Man muß die Fäden alle, die feingezwirbelten und die grobgewirkten, sich verwickeln und entwirren sehen, und die Hände zum Klatschen bereit haben, wenn es heißt: »Und nun, mein Leser, liebe Leserin, leb wohl.«
Man hat nach Sagen und Volksmärchen gefahndet als nach den Quellen für das ›Hutzelmännlein‹, und wirklich hat Uhland eine Parallele entdeckt, von der Mörike freilich nichts wußte. Mit ihm hatte die Muse, eine schnurrige Muse, ohne Zwischenträger geredet. Aber auch Uhlands Entdeckung ist schön: sie bestätigt, daß einer nur recht in die Tiefen zu horchen braucht, um schon ganz nah bei den Quellen seines Volkes zu sein. Mörike – noch gar nie hat der Gang unsrer Darstellung die Sprache darauf gebracht, und erwähnt werden soll es doch – hat weiter zurück niederdeutsche Vorfahren: ehe das Mörike-Wappen mit den zwei Mohren und den Sternen an der Neuenstädter Apotheke hing, war es in Havelberg in der Mark Brandenburg zu sehen gewesen. Aber hundert Jahre Schwabentum, schwäbische Eltern, Groß- und Urgroßeltern also, haben ihn dann doch so sehr dem »Ländle« zugehörig gemacht, daß wir – sowenig wir seine gesamtdeutsche Bedeutung verkennen und so sehr wir seine Wirkung auf ganz Deutschland wünschen – daß wir, »zwischen

Mergentheim und Friedrichshafen« Beheimatete, meinen, einige Zaubereien, ein paar heimlichste Reize seines Werkes seien nur für uns vernehmbar und nur für uns gewachsen.
Zu dem so verstandenen Eigengut werden wir eben das ›Stuttgarter Hutzelmännlein‹ rechnen dürfen. Nicht aber den ›Mozart auf der Reise nach Prag‹. Der gehört der ganzen Nation, und sie hat nicht viel ihm Ebenbürtiges.
Was können wir zum *Mozart* sagen? Zu diesen siebzig Seiten Prosa, in denen geschildert wird, wie Mozart auf der Reise nach Prag unterwegs Station macht in einem Schloß, das er als Missetäter betritt und anderntags als rechter Wohl- und Wundertäter verläßt, nachdem er einen Nachmittag und einen Abend hindurch zusammen mit Frau Konstanze dort parliert, schwadroniert und musiziert hat. Es will uns jeder Mut entfallen, über dieses Wunderbuch ein Wort zu sagen, und wir wollen vorerst zufrieden sein, wenn es uns gelingt, den Standort dieses Werkes im Mörikeschen Gesamtwerk richtig zu bestimmen.
Ein alternder Dichter, dem es in frühesten Tagen gegeben war, in zwei oder drei Strophen die ganze Welt zu spiegeln, Erdenwelt, Liebeswelt, Leideswelt, Gotteswelt – der sich dann der abgründigen seelenkundlichen Prosa eines Bildungsromanes ergeben hatte, dem vieles dabei in den Schoß fiel und dem dann doch, wie nicht anders zu erwarten, das volle Gleichmaß sich noch versagte; der danach, gleichsam »an Handlicheres gehend«, dem lockeren Gebilde der Idylle Genüge tut, und aus psychologischen Untiefen aufsteigend, der Hutzelmännleinsfabel folgt, zugleich aber, von alten, römischen Gehorsamspflichten gegen Form und Maß getrieben, je und dann kleine, strenge Versgebilde ineinanderfügt: der faßt nun in glücklicher Stunde die Kräfte von den vier Himmelsrichtungen seiner Welt zusammen und wendet sie an eines. So entsteht diese Novelle.
Wir haben uns bis jetzt davor gehütet, auf Wirkung und Erfolg der Mörikeschen Werke auch nur mit einem Wort einzugehen. Wirkung und Erfolg besagen nichts Deutliches: es wird niemand einfallen, an der Absatzziffer der Mörike-Gedichte (sechshundertundsieben Exemplare in neun Jahren!) ihren Wert ablesen zu wollen. Auch die Mozart-Novelle hat zunächst keine Wirkung in die Breite, auch sie ist

Kammermusik für wenige. Immerhin hat sie eine Wirkung in die Tiefe: etwa auf jenen preußischen Landrat, einen Freund Storms, der über der Lektüre dieser Novelle vor Freude fieberte, heulte und fluchte und dem Autor einen völlig rasenden Brief schrieb; oder auf Hartlaub, den Wohltemperierten, der auch nicht anders konnte, als zu seinem Gegenüber, zu Theodor Storm, wieder und wieder zu rufen: »aber ich bitt' Sie, ist das nun zum Aushalten?« Das war, als Mörike die Novelle in einer Teestunde mit Storm und Hartlaub vorlas, »in schönstem Hochdeutsch«, wie ausdrücklich versichert wird. Ein öder Wicht, wem es anders geht als Hartlaub und dem Landrat!

Um noch ein wenig ins einzelne einzutreten, so hat, dünkt mich, eine Äußerung des Rektors Wolff Gewicht, der nach einer Mozart-Vorlesung gestand, er sei »ungeachtet der vorherrschenden Heiterkeit oder vielmehr durch die Art derselben aus einer wehmütigen Rührung gar nicht herausgekommen«. Mörike, der das Urteil in einem Brief berichtet, fügt hinzu: »das ist es aber, was ich eigentlich bezweckte.« Und es ist wahr: da holpern wir denn so im Reisewagen der beiden Mozarts mit übers mährische Gebirg herein, helfen ihnen ihre Luftschlösser bauen, lächeln uns durch die Gartenszene hindurch, wo das große Kind ritschratsch die Pomeranze abgenommen und aufgeschnitten hat, lesen seinen Brief an die Dame des Hauses, und ahnen schon, wie alles in einen Himmel voll Freude und Zirruswölkchen sich verwandeln wird; wir hören der langen Geschichte von den Wasserspielen zu und dem häuslichen Traktat der Konstanze, sehen in die Lichter des Kronleuchters und in die ganze helle Rokokowelt hinein und wissen, daß es fürs erste gut ausgeht: er wird einen Reisewagen geschenkt bekommen und in ihm nach Prag und von dort aus heimwärts fahren. »Ich dünke mich so vornehm und so reich wie Ritter Gluck.« Und doch: nicht erst gegen den Schluß hin, von Anfang an schon können wir uns einer »wehmütigen Rührung« nicht erwehren, ja noch mehr: da der Name Mozart genannt ist, dünkt uns von Anfang an nicht nur der Schöpfer der strahlendsten Kammermusik der Welt genannt, der Autor des Oboenquartetts und der Tänze aus Figaro, sondern immer auch schon der Komponist des Don-Juan-Finales, der ›Zauberflöte‹ und des ›Requiems‹. Und wie er denn nun den ›Höllenbrand‹ aus dem Koffer hervorholt, die Don-Juan-Partitur, da wissen wir's vom ersten Takte an gewiß, daß er nicht ausbleiben wird, der Geist des Komturs: »Und jener furchtbare Choral ›Dein Lachen endet vor der Morgenröte‹ erklang durch die Totenstille des Zimmers. Wie von entlegenen Sternenkreisen fallen die Töne aus silbernen Posaunen, eiskalt Mark und Seele durchschneidend, herunter durch die blaue Nacht.« Wir sitzen im dunklen Zimmer, und es schaudert uns mit allen Schaudern von Zeit und Ewigkeit. Und wir warten den Morgen nicht ab, um Eugenien, der Getroffensten, in ihr Bewußtsein zu folgen, »daß dieser Mann sich schnell und unaufhaltsam in seiner eigenen Glut verzehre, daß er nur eine flüchtige Erscheinung auf der Erde sein könne, weil sie den Überfluß, den er verströmen würde, in Wahrheit nicht ertrüge«. Und zuletzt wollen wir noch froh sein, daß Verse kommen, die uns und unsere volle Empfindung bergen in ihrer stockenden Herrlichkeit:

Ein Tännlein grünet wo,
wer weiß im Walde,
– – –
Denk es, o Seele!

Es ist hier der Ort, auf das Geheimnis von Mörikes ›Humor‹ mit einigen Worten einzugehen, und schon allein daraus, daß es hier geschieht, erhellt, daß dieser Humor nicht Zutat und Arabeske an seinem Wesen ist, sondern Element und Wesen selbst, und mit den Worten ›zierlich‹ oder ›reizend‹ ist dabei durchaus nicht ins Schwarze zu treffen. Mörikes Humor gehört, darin dem Goetheschen verwandt, zu jenen verläßlichen Humoren, die mit einem aufwachen und einschlafen und den Tag bestehen, gleichviel, ob der ein munteres oder ein schiefes Gesicht entgegenstreckt, zu jenen also, die man hat oder nicht hat. Der Septembersonne möchten wir ihn am liebsten vergleichen, diesen Mörike-Humor: er ist nicht kalt und nicht heiß, er ist wärmend und wohltuend wie sie. Gehören Altweibersommerfäden zur Septembersonne? Gut, laßt sie dazugehören; sie gehören dann auch zu Mörikes Humor. Aber vergeßt nicht, daß es die gleiche Septembersonne ist, die alle köstlichen Spätfrüchte nährt. Und nicht anders ist es hier bestellt: das letzte Notwendige hat den Mörikeschen Meisterwerken immer wieder diesen Humor zugetragen, und dabei höchst Verschiedenes: dem einen ein versöhnliches Lächeln und dem andern einen Treff, diesem den Saft und diesem die Trockenheit, wieder einem das Feuer und noch einem die Gelassenheit, keinem aber das Gift aus den tödlichen Drei: Bosheit, Bissigkeit, Bitterkeit. Nein, er sticht nicht, so wenig die Septembersonne sticht. Nur Leben blüht aus ihm: es heiße Bauerngarten oder Schloßpark, Ziborius oder Mozart. Er hat seinen Meisterschüler geschunden und gezwackt, dieser Humor. Da der ihm aber nicht aus der Lehre gelaufen ist, ein ganzes Leben lang nicht, so mußt' er ihm wohl den Brief aushändigen, darin zu lesen steht, welch »ernstes Ding es ist um die rechte Freude«.

Der Gipfel war erreicht. Nun stand der schwerste Weg bevor: der Weg hinab. Wir würden uns nicht wenig berauben, wenn wir nicht auch auf ihm Mörikes Gang folgen wollten. Er spürt das Gefäll. Er will nichts mehr erzwingen, still geht er der stillen Schlucht entgegen. Einmal noch, in dem ›Erinna‹-Gedicht von 1863, hören wir seine alte Stimme; alles andere, was noch entsteht, auch die schönen Bebenhausener Distichen, ist Widerhall von einst. Und auch über den Menschen Mörike – das waren ja niemals zwei, der Dichter und der Mensch, und daß es nicht zwei waren, das war seine gesegnete Not – legt sich das Schweigen. »Laß, o Welt, o laß mich sein«: so hatte er vor dreißig Jahren schon gebeten. Nun bittet er's dringlicher, und dichter zieht er den Vorhang zu.

Der alte große Träumer

So hätte er sein Lachen an die schöne Lau vergeben, ihrer Bedingung zu Hilfe zu kommen: denn fünfmal, heißt es, müsse sie gelacht haben, eh sie erlöst werden könne? Nein. Hinter dem Vorhang führte Eduard Mörike für die zwanzig Jahre, die ihm noch gegeben waren, ein Leben, das noch immer »seine Wonne, seine Pein« zu empfangen und zu tragen wußte, ein Leben auch, das noch immer auf Laune, auf zarte, geistige Reize, auf Septembersonne bedacht war. Man wird es kein eintöniges Leben heißen kön-

nen, auch wenn es wenig Außerordentliches daraus zu berichten gibt.
Immer mehr wird es zu einem Leben zwischen vier Wänden: die vier Wände sind dann keineswegs mehr die aus Augustenstraße 14, die wechseln noch ein halbdutzendmal, ehe Ruhe wird in den letzten vier Wänden. In Stuttgart selbst wird umgezogen, Lorcher Jahre folgen, Nürtingen kommt an die Reihe, Fellbach, damals ein ländlicher Vorort von Stuttgart, soll noch einmal gute Zeit bringen oder doch erträgliche Tage; zuletzt ist es dann doch wieder die Stadt selbst, die seinen Bedürfnissen am ehesten entspricht.
Die Schwierigkeiten, die mit der wachsenden Berühmtheit zusammenhängen, häuften sich freilich in der Hauptstadt bedrängender als anderswo. Den Manuskripten zwar, die in Hülle und Fülle ihm ins Haus flogen, konnte er schließlich eine Zeitungsnotiz entgegenstellen, in der er erklärte: »dergleichen ferner nicht annehmen zu können«; aber wie macht man's mit dem »Gelauf von Besuchen«? Sich verleugnen lassen? Das ist leichter gesagt als getan. Wie, wenn's dann plötzlich ein so wichtiger Durchreisender ist wie Friedrich Hebbel? Oder gar einer von den späterworbenen Freunden, Paul Heyse oder Moritz von Schwind? Oder einer von den alten Getreuen, mit denen vor allen gut sein war, auch wenn Verstimmungen und stumme Zeiten hin und wieder sich einstellen?
Ihr seht, das ist noch keine Trappistenzelle: nein, wenn es nicht gerade ein ganzer Krankheits- oder Unglückstag ist, so findet man den scheuen Sonderling – wenn man ihn nur erst gefunden hat! – aufgeräumt und zu aller Teilnahme herzlich befähigt, es sei nun im Gespräch oder im Brief. Ja, besonders auch der Briefwechsel dieser Jahre, mit Hartlaub, Vischer, Storm und Schwind zeigt alles andere als einen melancholischen alten Mann. Vielmehr meint man dort zuweilen – etwa über den Siebziger Krieg hin – einen Ton von Festigkeit zu vernehmen, wie er in Jugend- und Mannesbriefen nicht oft sich hatte finden lassen. Nur die Handschrift – dies darf nicht verschwiegen werden –, diese in bestürzender Weise wechselnde Handschrift, deutet auf viel Anfechtung und Müdigkeit, auf die Mühe, die ihn solche Festigkeit kostet.
Auch in seiner innersten Häuslichkeit weiß er Freude wie

Feuer aus geringem Stein zu schlagen: wenn es der Amsel beikommt, in seinem Garten so gut zu pfeifen wie beim Nachbarn, dem reichen Kaminfeger; wenn seine Fanny nach eigener Melodie ihm vorsingt:

Grausame Frühlingssonne,
du weckst mich vor der Zeit,

wenn ihm in Lorch, wo er sich bei einem Töpfermeister in die Lehre gegeben hat, ein besonders schönes Stück Hafnerarbeit gelingt; wenn es ersichtlich ist, daß Schwester Klärchen und Frau Gretchen – seine »beiden sanften Drachen« heißen sie im Freundesmund – ihren guten Tag miteinander haben; oder wenn ihm, wir nahmen's schon vorweg, einmal noch ein großes Gedicht gelingt:

»Vielfach sind zum Hades die Pfade«, heißt ein
altes Liedchen – »und einen gehst du selber,
zweifle nicht!« Wer, süßeste Sappho, zweifelt?

Aber freilich, man mache sich für einen Augenblick klar, wie der Zeitraum aussieht, den Goethe von seinem 51. Lebensjahr an auszufüllen hatte (denn im Einundfünfzigsten konnte der *Mozart* aus der Hand gelegt werden, und von da an datieren wir den »alten großen Träumer« – wie ihn Raabe genannt hat – er war's freilich schon vorher), der Zeitraum von 1800 an also, die zweiunddreißig Jahre Goethe-Leben in Mörikes Jahrhundert. In diesen Zeitraum gehörten für Goethe: Schiller, Napoleon und Humboldt, Marianne und Ulrike, ›Dichtung und Wahrheit‹, ›Die Wahlverwandtschaften‹, der ›West-östliche Divan‹ und die ›Marienbader Elegie‹, die ›Farbenlehre‹ und die ›Sprüche in Reimen‹ und was nicht gar. Man betrachte und vergleiche. Da mag deutlich werden, nicht nur: wie verschieden ein weltergreifendes und weltempfangendes Leben sich gestaltet, nein – über den Unterschied von Erbe, Anlage und Einsatz hinaus wird nun das Tiefbekümmernde an diesem Mörike-Alter unübersehbar.
Das Tiefbekümmernde: wir scheuen uns, mit dem Wort ›tragisch‹ so schnell bei der Hand zu sein, nicht unbelehrt darüber, wie vielerlei Umstände zusammentreten müßten,

um dieses Wort zu rechtfertigen. Aber Tiefbekümmerndes ist nicht weniges in diesen Jahren zu finden.
Da ist einmal das Mißverständnis über seinen dichterischen Rang, das sich immer von neuem aus den wunderlichsten Quellen nährte. Die Äußerungen eines gewissen Herrn Minckwitz aus Leipzig – zur Erheiterung sei eine Stelle daraus zitiert: »Mörikes poetisches Vermögen ist augenscheinlich nur ein mittelmäßiges, seine Anschauung wie seine Darstellung eine sehr beschränkte und schwache« – nimmt Mörike selbst gewiß nicht sehr ernst. Mit seiner Tochter Fanny führt er darüber ein witziges Gespräch. »Dem will ich's aber unter seine Nas zwängen«, meint die Tochter, als sie von der Sache hört. »Ja, was sagst du ihm aber?« – »Sie sind ein unartiger, dummer Gesell! Wer darf denn so von einem Lehrer sprechen? Der Polizei zeig ich's an –.« Aber daß ihm von seinen nächsten Freunden nicht Gerechtigkeit zuteil wurde, verstimmt uns zuweilen. Gewiß, es sind ehrenwerte und zum Teil grundgescheite Männer, ihre Briefe sind schöne Briefe, und auch an ihren Einwänden ist dies und jenes wahr, aber Mörike wirklich verstanden haben sie nicht. Sie haben ihn – glückliche Augenblicke ausgenommen – mit seinen Schöpfungen allein gelassen. Ihr werdet sagen: er hat's vermutlich nicht anders gewollt. Das kann man sagen. Ob aber seine merkwürdig frühe Erschöpfung nur von der tiefverzehrenden Unerbittlichkeit seines lyrischen Auftrags herrührte und nicht auch mit der hartnäckigen Verwechslung, der er ausgesetzt war, zusammenhing, wobei ihn verwechseln heißt: ihn – als Lyriker – zu vergleichen, ihn überhaupt vergleichen zu wollen? Aber gab er nicht vielleicht selbst Anlaß zu dieser Verwechslung? O ja. Denn es war wirklich nicht jedermanns Sache, den unschuldigen Verszaun, den er um seinen Zaubergarten gesetzt hatte, zu durchbrechen. Und wieder: es war nicht jedermanns Sache, wahrzunehmen, daß in allem, was Mörike von einem versbegabten Talent unterschied – und es unterschied ihn alles – der Grundunterschied zwischen Talent und Genie sich offenbarte. Die lässigen Reime, die unreinen Hexameter der ›Idylle‹, die Sprünge seiner Logik, das Aufhören, wenn's am besten schmeckt – um nur ein paar ›Fehler‹ anzukreiden, die dem Talent nicht unterlaufen, – begreift ihr, wie sehr dies alles hergehört? Was würden zwölf

Prachtstalente für untadelige Verse bauen – und die Dichterfreunde Mörikes haben alle etwas von ›Prachtstalent‹: aber es wäre nicht *ein* Vers darunter, der nur von ferne hinreichte an diese holperige Strophe:

Schön ist der Flammen Schein,
es springen die Funken;
ich schaue so drein
in Leid versunken.

Und dann weiter: wenn es darum geht, Tiefbekümmerndes am alten Mörike zu nennen, dann muß auf seine Ehe die Rede kommen. Sie war ja von Anfang an für keinen der drei Partner leicht zu tragen gewesen. Der drei? Ja, der drei. Denn zwischen beiden Hauptbeteiligten, zwischen Eduard Mörike und Margarethe von Speeth, stand Klärchen Mörike, die Schwester, die Gesellin der Cleversulzbacher Pfarrsiedelei. Und recht genau ›zwischen beiden‹ – das blieb ihr Platz bis zu Eduards Tod. Und warum ist sie nicht aus der Dreiheit ausgeschieden? Sie wollte zuweilen wohl, aber Eduard konnte sie, wollte sie nicht entbehren. Eduard wollte, so werden wir's ansehen müssen, durch einen dritten Hausgenossen die Lebenslast erträglicher verteilt und günstiger ins Gleichgewicht gesetzt wissen. Das war Physik des Herzens, wie sie einem Novalis'schen Aphorismus wohl anstünde. Aber die Wirklichkeit ist grausamer als der Aphorismus. Wir sitzen nicht auf der Geschworenenbank und haben die Schuldfrage nicht zu klären. Eduard – so müßten wir sonst sagen – hätte wissen müssen, daß er, durch die lebenslängliche Hausgemeinschaft mit seiner Schwester, der Frau, der Spätereintretenden, die ihr gebührende Stellung als Erste vorenthält, zumindest erschwert. Klärchen – so könnten wir fortfahren – hätte gehen müssen und damit Eduards Glück besser verstehen, als er es selbst verstand. Und Gretchen? Es tritt zutage, daß Mörikes Wahl, was man auch sagen mag, keine glückliche Wahl war. Gretchen war nicht nur so ganz anders als Eduard Mörike, Gegensätze könnten sich ja auch anziehen, sie war schwierig, was man nur schwierig heißen kann. Sie war gewiß eine anmutige und lebhafte Frau, aber sie war überempfindlich, leicht gekränkt und unerträglich eifersüchtig auf alle

Menschen, die ihrem Mann entgegenkamen. Soviel muß wohl gesagt werden: daß Mörike bitter unter ihrem Wesen gelitten hat. »Auf Schrauben gestellt«, heißt er einmal sein Leben, und so ist's geblieben. 1873 hat er dann von Lorch aus seiner Frau »die Notwendigkeit einer Trennung auf unbestimmte Zeit« erklärt. Klärchen und die jüngste Tochter Marie blieben bei ihm, Fanny kam zur Mutter: wir ermessen wohl, wie der alte Mann unter diesem Fiasko gelitten haben mag. Es ist ja mit dem Wagnis der Ehe für Poeten nicht anders bestellt als mit dem Wagnis eines bürgerlichen Berufes, nur daß alles noch viel schwieriger ist. Man könnte es die reinste Quadratur des Kreises heißen: Vorbedingung eines ganzen Künstlertums ist ein ganzes Leben; zu einem ganzen Leben gehören Ehe und Vaterschaft, gehört die Verpflichtung auf die festen Ordnungen der Erde. Und dann ist's doch zugleich der Zaubergriff der Kunst, ihren Geliebten so tag- wie nachtwandlerisch aus allen Wohnbezirken der Welt hinauszuführen, und erst draußen, in der reinen Zweieinsamkeit, ihm ihr schönstes Wort anzuvertrauen. Keiner gelangt da rechtens hinaus, er komme denn aus den Gassen und Mauern der Stadt. Aber wer nun wirklich hinausgerufen worden ist, wie findet der zurück?

Und noch ein Drittes, das Unwägbarste gewiß und vielleicht das Schwerwiegendste: tiefbekümmernd ist es, zu sehen, wie in ihm selbst so viel Anlagen waren, sein eigener Feind zu werden, so muß man es beinahe ausdrücken. Der gleiche Mörike, der sich so genau darauf verstand, seinem *Werk* die förderlichsten Umstände zu schaffen und werkfeindlichen Drängnissen und Bedingungen aus dem Wege zu gehen, der tut, wenn es sein *Leben* oder was man so sein Lebensglück heißen möchte, angeht, mit einer bestürzenden Sicherheit das Verkehrte. Freilich: was wissen wir? Vielleicht *mußte* er wirklich im Jahr 1866 seinen letzten Pflichtdienst, die Stunden am Katharinenstift, vollends niederlegen, vielleicht mußte er den somnambulen Interessen, die ja sein ganzes Leben begleitet haben, in diesen letzten Jahren mehr und mehr nachgeben, und so durch das eine in seiner Neigung, sich treiben zu lassen, durch das andere in seiner Verdüsterung bestärkt werden. Wir haben zu Beginn dieses Abschnitts von ›Festigkeit‹ und ›guter Laune‹ gesprochen: dem widerspricht nun dies. Aber so ist er gewesen: voller Widerspruch in sich selbst. Wir können auch diese letzten ›Vielleicht‹ nur eben fragen. Im Grunde können wir ja nicht nur nichts ändern, sondern auch nichts ändern wollen.

Wir müssen diese Wenn und Aber stehenlassen und sind dann nur froh, noch bezeugen zu können, daß einige dieser späten Dissonanzen sich aufgelöst haben in allerspäteste Harmonien. Da waren ein paar Freunde: Hermann Kurz zum Beispiel, der Dichter; der war ihm einst in den Cleversulzbacher Tagen recht nahegekommen und hat an der Auswahl und Anordnung der Gedichtausgabe von 1838 wichtigen Anteil. Dann, vor allem durch das Jahr 1848, aber nicht nur durch politische Mißverständnisse, waren sie sich fremd geworden. Nun, ganz zuletzt kam es noch zu einem freundlichen Wort, hüben und drüben. Und es ist versöhnlich zu denken, daß wir Hermann Kurzens Tochter, Isolde Kurz, die schönste Schilderung des alten Mörike verdanken. Sie hat sein Greisenantlitz als das entdeckt, was es war: eine »leicht vorgebundene Maske, hinter der er sein wahres Gesicht, einen feinen Griechenkopf, versteckt hielt, aus Scheu vor der groben Neugier der Leute oder weil die schwäbischen Lüfte ihm zu rauh waren. Es war eine ruhige Heiterkeit um ihn her bei großer Zartheit, die man sofort empfand. Dabei fiel er leicht in einen geheimnisvollen Ton, der bald etwas Spielendes, bald etwas Feierliches haben konnte.« So halten wir nun alle Mörikes Altersbild fest. Und Vischer, der ihn einmal zu seinem Schmerz ein »großes, aber stehengebliebenes Talent« genannt hatte, bezeugte in zwei weithin hörbaren öffentlichen Reden, wieviel Mörike für ihn war: »– lebenschaffender Dichter – bejahender reicher Geist, du lebendiger, du guter Mensch, teurer, lieber Freund –.«

Auch der eheliche Mißklang löst sich auf: vierzehn Tage vor seinem Tode ließ Mörike seine Frau rufen, und die Ehegatten gingen versöhnt auseinander. Wir geheimnissen nicht zuviel in diesen Entschluß Mörikes hinein, wenn wir ihn dem *Christen* Mörike zuschreiben, der im Angesicht des Todes sich bereitete, »Rechnung zu tun von seinem Haushalten«.

Ja, selbst die Stimme aus Nacht und Traum, die wohl mehr als wir messen können, sein Alter verdunkelt hatte, zuletzt war auch sie freundlich um ihn und meinte es nicht bös: an seinem

letzten Geburtstag, so wird überliefert – es war sein siebzigster, und er feierte ihn in tiefer Zurückgezogenheit – wachte er spätabends auf an einem vollen Musikakkord, der ihm zum Fenster hereinkam, ein herrlicher Harfenton schien's ihm zu sein. »Wo ist die Musik?« rief er laut. Aber niemand außer ihm hatte sie gehört. Darauf sagte er: »Es bedeutet mich. Das ist mein letzter Geburtstag.«
Es war sein letzter. Am 4. Juni 1875 morgens um acht Uhr ist er verschieden – »sanft, fast unmerklich, aber nach qualvollen Schmerzen«, sagt der Bericht; das dünkt uns ein Widerspruch; nun, so soll es denn bis zum Ende in Widersprüchen gehen. Am 6. stand eine kleine Gemeinde auf dem Stuttgarter Pragfriedhof um sein offenes Grab.

Wenn in höheren Jahren Freunde ihn um ein Wort von seiner Hand gebeten hatten, dann pflegte er ihnen einen Siegelabdruck zu schenken und darunter zu schreiben:

> Mein Wappen ist nicht adelig,
> mein Leben nicht untadelig,
> und was da wert sei mein Gedicht,
> fürwahr, das weiß ich selber nicht.

Das war gewiß nicht sein bester Vers, aber ein echter Mörike-Vers war es doch. Er hat es vielleicht wirklich nicht gewußt, was das für Verse sind:

> Ihr klingt des Himmels Bläue süßer noch –

und:

> Dein Kuß, dein Hauch umweht,
> dein Flüstern mich noch hier –

und dies:

> – noch eh an ihren Hufen
> das Eisen los wird,
> das ich blitzen sehe!

Wie wird es uns überliefert als ein Wort von Albrecht Dürer? »Was aber die Schönheit sei, das weiß ich nit.« Es ist hüben und drüben die gleiche, völlige Schönheit, die »in gänzlicher Selbstlosigkeit« in sich ruht, selig unbewußt und selig »in ihm selbst«. Und was er einmal von seinen eigenen Briefen an Luise Rau gesagt hat, das gilt von seinem ganzen Werk, wir können nichts Höheres darüber sagen: »Es ist auch nicht *ein* falscher Hauch darin.«
Bald nach seinem Tod schrieb Gottfried Keller, der Mörike einmal sehr schön »den Sohn des Horaz und einer feinen Schwäbin» genannt hatte, an Vischer: »Wenn sein Tod nun seine Werke nicht unter die Leute bringt, so ist ihnen nicht zu helfen. Nämlich den Leuten.« Und bei Liliencron heißt es, nicht weniger grimmig:

»Weil du ein wirklicher Dichter warst, so hast du
den Vorzug,
daß dich der Deutsche nicht kennt, grüße dein Volk
aus der Gruft.«

Inzwischen *ist* Mörike zu den Deutschen gekommen. Musik ist es gewesen, die ihm selbst den frühesten Tag erhellt hat – Musik hat ihn auf die Höhe seines Werkes begleitet, und Musik hat ihm im Harfenton verkündigt, was anderen im Hammerton gesagt wird: »Bestelle dein Haus, denn du mußt sterben.« Und Musik hatte schon zu seinen Lebzeiten diesen Mörike-Gedichten gedient: es waren Kauffmann und Scherzer, Pressel und Hetsch und Silcher gewesen und viele andere, die Mörike-Lieder vertont haben, und es war Agnes Schebest, die Sängerin, der Mörike selbst noch für den Gesang des ›Gärtners‹ gedankt hat. »Der Sand, den ich streute, er blinket wie Gold«, sagte er zu ihr, und noch in diesem Dank, in dieser Anmut, dieser Heiterkeit, dieser Güte ist er, Mörike, ganz. Nach seinem Tode dann geschah es, daß, im Perchtoldsdorfer Frühling von 1888, der eine Hugo Wolf über vierzig Mörike-Lieder vertonte, so vertonte, daß nun die Deutschen zuweilen Mühe haben, Mörike aus dem Musikzimmer in ihre Lesezimmer herüberzuziehen. Wir wissen nicht, was Mörike selbst zu Hugo Wolfs Vertonungen gesagt hätte, vielleicht wären sie ihm nicht mozartisch genug gewesen. Wir freilich meinen, er

habe die gefährlichen Tiefen des Mörike-Werkes weit stärker als die freundlichen Tonmeister der früheren Epoche erspürt, und nur die aus unseren Tagen stammenden Vertonungen Hugo Distlers deuten mit ähnlicher Genauigkeit und Leidenschaft die Seligkeiten und die Abgründe von Mörikes Gedicht.
Willkommen aber soll uns jede Tür sein, durch die wir gewahr werden, wer dieser Mörike war. Kein Hans-guck-in-die-Luft war er, kein lebensfremder Daseinsvergolder, sondern ein Dichter, ein Überzeugter und ein Überzeugender von der Wirklichkeit dessen, was in der sogenannten Wirklichkeit oft genug Nichtwirklichkeit genannt wird. Ein Weiser; begrenzter und bescheidener als der alte Goethe, aber in vielem ihm tief verwandt, ein Seher, der freilich meist nur den Abglanz seiner Gesichte freigegeben hat und in der Kunst des geheimnisvollen Schweigens ein Meister geworden ist; ein Musikant, und wahrlich: der Mozart der deutschen Sprache. Ein Kronzeuge für die Verläßlichkeit des inneren Reiches, für den Bestand, der dem Zerbrechlichsten gegeben ist, für die Gewalt, die dem Leisesten eignet.
»Der Sonnenblume gleich steht mein Gemüte offen«: es lag schon immer nahe, nach diesem seinem eigenen Wort und Bild zu greifen, um sein ganzes Wesen in eins zu sehen. War es nun dabei das Recht der Mörike-Überlieferung, zuerst an das milde, große Licht zu denken, die Strahlung eines reinen Spätsommertages, so ist es unsere Sache gewesen, für die leidenschaftlicher flammenden goldenen Blätter und für das schwarze Kernhaus inmitten dieser offenen Sonnenblume einzustehen: damit ein Ganzes werde.

Hölderlins Geschenk

Nachruhm, dieses seltsame Ineinander von Mißverständnissen und Verstandensein, kann auf mancherlei Weise eine Gestalt und ein Werk begleiten. Lesergemeinden entstehen, wohlgefestigte, bürgerlich-verläßliche, man denke an die Fontane- und die Gotthelf-Leserschaft. Schillers Wort lebt aus sich selbst, aber es lebt ein zweites, ein erhöhtes Leben, solange Mimen- und Maskenkunst bestehen. Anderen freilich ist, zu Unrecht oft genug, kein anderes Leben zugedacht als das bange und etwas leibarme Leben literaturgeschichtlicher Würdigung oder das unduldsame Leben in Sekte, Zirkel und Schwärmerkreis.

Hölderlins Nachruhm ist von besonderer Art. Der Dichter, der im Jahre 1843 ganz leise hinübergewechselt hatte aus dem schmerzlichen Entrücktsein der Umnachtung in das völlige Entrücktsein im Tode, war für lange Zeit fast in Vergessenheit geraten. In unsrem Jahrhundert aber hat er dann – und immer aufs neue – jene einzelnen gefunden, denen der Umgang mit seinem Werk eine eigene Glut in die Seele trieb, eine erleuchtend-belebende, eine versehrende, gleichviel. Wir nennen Stefan George und den einen Norbert von Hellingrath, denken an manchen der Stimm- und Wortführer der Jugendbewegung aus den zwanziger Jahren, an Denker wie Martin Heidegger, Romano Guardini und Martin Buber, an Forscher wie Wilhelm Michel, Friedrich Beißner und die Wachsamen der Hölderlin-Gesellschaft. Und er hat – weit darüber hinaus – etwas wie ein Fluidum erwirkt, ein aus Scheu und Staunen, Furcht, Ratlosigkeit, Liebe und Dank gemischtes, in dem man zuweilen geneigt war, eine Sage zu stiften oder an schon gestifteter Sage weiterzudichten, und die Kraft dieses Fluidums ist, so will es uns scheinen, noch immer im Wachsen. Beide Weisen aber, die Leidenschaft der Forschenden,

die Texte ordnet und nach Lebensspuren fahndet, und die Verehrung der Nur-mehr-Ahnenden, deuten auf das gleiche Phänomen: daß nämlich Hölderlin nicht eigentlich in die Geschichte eingetreten ist, und darum auch nicht mit den Maßen der Geschichte rein zu ermessen sein wird.
Wie das? Es ist doch am Tage, daß wir – bei Hölderlin so gut wie bei jedem anderen – von geschichtlichen Bindungen zu sprechen haben, wenn wir Gestalt und Werk bedenken: von der Bedeutung der Französischen Revolution, von Schillers bedrängender Nähe und bedrohender Ferne, von Fichte und Schelling und vom Einfluß Hegels und Schleiermachers. Dennoch: der Dichter Hölderlin gehört in seinem wesentlichen Teil nicht in die Geschichte, und zwar auf die gleiche Weise nicht, wie in der Musik *die* Gestalt nicht in die Geschichte gehört, die, je länger man's bedenkt, recht ausdrücklich Hölderlins Bruder genannt werden darf. Geschichtsmächtige Musik: das ist Johann Sebastian Bachs und – achtzig Jahre später – Beethovens Musik; wir hören jedem von beiden zu, wie Erdensöhne die Stimme des Erdensohns vernehmen, und fühlen uns im Unseren bestätigt oder angegriffen, geborgen oder erschüttert. Aber nicht auf gleiche Weise hören wir die Musik von Hölderlins Bruder, Mozarts Musik. Woher kommt mir dies? so fragen wir; das ist doch nicht von hier; das ist doch wohl Ton des Boten, Stimme des Gastes, Laut von anderswoher? Und so ist es mit Hölderlin und seiner Botschaft bestellt.

Es will uns ja nicht gelingen, den Menschen Hölderlin wirklich zu sehen auf die Weise, in der wir etwa Goethe wirklich zu sehen vermögen. Und alle Einzelheiten, die eine bewunderungswürdige Forschung zutage fördert, scheinen uns das Geheimnis Hölderlin nur immer geheimnisvoller zu machen. Wohl, die Briefe schließen einige Türen auf, aber immer nur wie für einen Augenblick und nur einen Spalt weit. Alle Berichte der Lebens- und Zeitgenossen sind mitbestimmt von jener strengen Scheu, die schon der Maulbronner Klosterschüler erweckt hatte, er, von dem sie sagten: »Es war, als schritte Apollon durch den Saal.« Gab es Wege aus dieser Jünglingsschaft, die uns das berühmte Bild vor Augen stellt, hinaus – Wege zum Mann, zu dem Mann von Bordeaux, zu

dem Greis von Tübingen? Ja, aber wir kennen sie nicht. Gab es Wirkungen, Strahlungen? Es gab einige Freundschaft, aber viel Unzugänglichkeit wird bei ihr gewesen sein, vielerlei Ferne; es gab Diotima, und durch sie etwas wie Einweihung – aber auch dies wie aus anderem Bereich, wie für anderen Bereich. Nein, wir kennen ihn nicht, den Menschen Hölderlin, und alle Zeugnisse sind fast nichts als dies, dies aber freilich eindeutig: eine Bürgschaft dafür, daß es die reinste Sphäre ist, aus der uns seine Gabe zukommt.
Hölderlins *Geschenk* – dies Wort zu nennen, da es deutlicher als die Worte ›Vermächtnis‹ oder ›Erbe‹ die Freiheit der Gabe anzeigt und der Vorstellung widersteht, als wären wir von vornherein so etwas wie Erbberechtigte, wie Familienangehörige. Wir sind es nicht: Hölderlin ist weder Vater noch Bruder, weder Freund noch Meister. Er ist ganz nur: er allein.

Sein Geschenk: die Rettung der Sprache. Es ist hier nicht der Ort, davon zu sprechen, daß und wie und wodurch der Leib unsrer Sprache gefährdet ist, zu bedenken, daß alles Wort verschlungen zu werden droht von dem Leviathan, den Max Picard das »Wortgeräusch« genannt hat; genug, dies zu sagen: in Hölderlins Werk ist die Sprache vorhanden wie eine mächtige Silbergrube, die auch in langer Zeit nicht abgetragen werden kann. Nun gilt es gewiß für jedes große Sprachwerk, daß in ihm das Wort heil ist und heilsam für alle Umwelt des Wortes. Während aber Brentanos Dichterwort die Neigung hat, in die Musik hinüberzuwandern, Schillers Strophen dem Katarakt sich nähern und Rilke auf die Chiffre, fast hätte ich gesagt: auf die Mathematik zugeht, bleibt Hölderlins Sprache in der ›harten Fügung‹ der Hymnen, aber auch in den Oden und Elegien, im ›Hyperion‹ und im ›Empedokles‹ bei aller Süßigkeit des melodischen Glückes *verbum purum*, reines Wort. Er, der dem Dichter eine so strenge Verantwortung auflud, der ihn nicht in einem priesterlichen, nein einem seherischen, ja einem messianischen Auftrag wußte, für den das geglückte Gedicht ein Braut- und Weltfest war, die Versöhnung der Sphären, das unreine Lied aber ein furchtbares Sakrileg, er hat über dem Wort auf eine solche Weise gewacht, daß es in diesem Werk, über dem Gottes Blitze niedergegangen sind, zwar genug Trümmer, Bruchstücke

und Rätselfiguren gibt, Verwirrung genug, aber keine Verirrung; noch die geringste Partikel ist von Adel, so wie auch noch der Marmorsplitter, den heute einer im Feld bei Athen fände, den Rang offenbaren würde und das hohe Maß.
Gut, aber was hilft das uns? Warum ist das ein Geschenk für uns? Hölderlins Sprache ist nicht verfügbar; sein Lied ist kein Brokatstück, das wir der Konfektion aufsetzen könnten, und nähten wir's auf, so geschähe es keinem zu Gefallen. Warum wagen wir es trotzdem, davon zu sprechen, hier sei ein Geschenk, das hohe Geschenk der Rettung?
Lassen Sie mich einige Sätze anführen, die zur Musik, zu Mozarts Musik geschrieben wurden, sie gehören hierher. »Mozartsche Musik versprach ich Ihnen, eines von den späten Klavierkonzerten... das mit den Lustbarkeiten der Klarinette, mit den Spielen aus Ruf und Echo, mit den Fagottstaccati, die aufhüpfen wie Vogeltritte so leicht, und ist doch alles umschlossen vom Tod, und der Abschied ist nahe. Während das Andante einhergeht, ist uns sehr bange zumute; und erst in den Gewittern des letzten Satzes kehren Atem und Mut zurück: wir sind noch hier und dürfen ihn mit durchleben, den dunklen Tag, stürmend, doch ohne Trotz. Dies alles aber – wenn es an das Ohr Ihrer Seele schlüge: Sie wären gerettet, oder, wenn dies Wort zu hoch greift, Sie wären sich nicht verloren.«
Ich will es wagen, das, was ich hier zu Mozarts Musik gesagt habe, für Hölderlins Wort zu wiederholen. So lange das noch gilt, daß einer durch Hölderlins Wort die Nacht begreift als »die Fremdlingin unter den Menschen«, so lange ist die Nacht noch in der wirklichen, in der von Gott durchwirkten Zeit, ist sie noch etwas anderes als Mechanismus und Uhrenablauf; so lange das Wasser noch »heilignüchternes« Wasser heißt, ist die Herrschaft der chemischen Formel noch nicht vollständig; so lange einer wahrnimmt: »Und die Lilie duftet / Golden über dem Bach uns auf«, so lange sind Wort und Wirklichkeit, Wirklichkeit und Wort noch miteinander im Bund. Dem Radium zu vergleichen, wirkt dieser Wortbestand auch durch Verstörungen und Verschüttungen hindurch. In Hölderlins Werk ist das Wort an jenen Anfang zurückgekehrt, an dem der Mensch den Dingen ihre Namen gab. Wir fürchten uns vor einer ungebührlichen Vermischung

der Sphären, aber wir getrauen uns zu sagen: es kann mit der Sprache nicht ganz bös gehen, und – da die Sprache ja das Leben noch einmal, der Mensch noch einmal, ist – es kann mit Leben und Menschentum so ganz bös nicht gehen, wo Hölderlins Wort seine Kraft als eine Kraft vom Ursprung her entfalten darf.

Ein zweites: Hölderlins Geschenk ist es, daß in ihm – und Person und Werk sind nicht zu trennen – die Leitbilder des Abendlands lebendig bewahrt sind. Eine Stunde bei Hölderlin – es ist fast gleichgültig, durch welche Tür wir eintreten –, und wir sind mitten im Kraftfeld unsrer dreitausendjährigen Abendlandsgeschichte. Es ist ja nicht anders: der da am 20. März 1770 in Lauffen am Neckar zur Welt kam, das war wirklich ein Grieche, und was er in Maulbronn und im Tübinger Stift aus der Welt von Hellas erfährt, von Homer, von Pindar und von Sophokles, das bestätigt ihm nur, was er – vor allem Wissen – in sich weiß. Und es ist nicht anders: der da zur Welt kam, das war von den Vätern und Müttern her und von Gott her – ein Christ, eine *anima christiana*, und alles, was die Jahre ihm zutrugen, alle die vielfältige und mühsame Auseinandersetzung mit der Vernünftelei seiner Zeit, auch mit dem Schmerzensglück schwäbischer Geister, dem Pietismus, alle Auswanderung und alle Wiederkehr, das ganze »Viel hab' ich dein und deines Sohnes wegen gelitten, o Madonna«, es erstand über dem Erstgegebenen, dem Schicksal, das *post Christum natum* hieß. Und endlich: dem, der da zur Welt kam, war gleicherweise als eine Art von Urgestein die Deutschheit mitgegeben, mitgegeben in der schwäbischen Prägung »Glückselig Suevien, meine Mutter«; und das Bewußtsein vom Wesen der Vaterlandsstädte und Vaterlandsströme, die Stammes- und die Reichsgeschichte drangen ein, wie Lebensluft eindringt; noch im Niedersinken der Schatten gedenkt er der ›Weinstaig‹ und des ›Winkels von Hardt‹.
Das Drama der Begegnung nun zwischen diesen Lebensgewalten, die unser abendländisches Bewußtsein geformt haben – Hellas, Christus, Germanien – das Auseinander und Widereinander, das Zueinander und Ineinander, Christus als des Herakles Bruder und Bruder auch des Weinstifters Dionysos, dieses Drama ist für Hölderlin nicht philosophische Spekula-

tion und nicht literarisches Spiel, sondern die wirklichste Wirklichkeit. Man wird – aus dem Kaufhaus der Gegenwart, in dem die Urbilder Griechenlands da und dort wie Restposten verkauft werden, zu Hölderlin zurückkehrend – in der Begegnung mit seinem Werk immer wieder an die große Vision von Ezechiel siebenunddreißig gemahnt, da die verstreut umherliegenden Totengebeine im Rauschen des Gotteswinds von neuem zum Leben kommen. Und man wird – so wahr man den »Verlust der Mitte« (um eine freilich nicht unmißverständliche Prägung zu verwenden) zu beklagen hat, sich fragen, ob nicht auch der andere Verlust uns ernstlich bekümmern müßte: der Verlust der Spannung. Die Spannungen zwischen diesen Lebensgewalten waren und sind groß. Für Hölderlin aber waren es nicht nur furchtbare, sondern vor allem auch fruchtbare Spannungen. Und wenn sein Geschenk eine Frage in sich birgt – und in Wahrheit bedeuten ja Geschenke auch Fragen an die Beschenkten – so diese Frage: ob wir auf dem Weg der Entscheidung für die Wahrheit nicht zuweilen in der Trennung zu viel, in der Einung zu wenig gewagt haben, ob uns nicht die Einsicht tragen sollte, daß die Fülle der Bilder und der Bildungen nicht widergöttlichen Wesens sein muß, und daß man darum Gott keinen Dienst tut, wenn man die Kreatur gering achtet; daß vielmehr der Name der goldenen Weltspindel *Versöhnung* heißt, Begegnung des Vielgestaltigen: »Der hohen Gedanken sind nämlich viel entsprungen des Vaters Haupt« lesen wir in der Hymne ›Der Einzige‹, und wie Antwort darauf in ›Patmos‹: »Es warten aber der scheuen Augen viele, / Zu schauen das Licht. Nicht gerne wollen / Am scharfen Strahle sie blühn«–

Daß es zu dieser Versöhnung kommen kann: diese Zuversicht lebt von dem Vertrauen in die Liebe als weltbildende Macht – und das ist nun das dritte unter Hölderlins Geschenken: das Vertrauen in die Liebe als weltbildende Macht.
›Lied der Liebe‹ – dies der Titel eines der frühen Gedichte, in dem es heißt: »Überall der Liebe Flügel / Hold und herrlich überall«; und Liebe in Keimgestalt, Blüte, Frucht und Erfüllung, das Glück der Person einschließend und alles persönliche Glück zugleich übersteigend, dies ist der eigentliche Inhalt, die Summa des Hölderlinschen Kosmos. Was am

Schluß von Dantes Weltgedicht gesagt ist von »Liebesallgewalt, die still und einig / Im Kreis die Sonne führt und alle Sterne«, das hat in der abendländischen Geschichte – neben Michelangelos Sonetten – keine größere Manifestation erfahren als eben Hölderlins Werk. Er hat daran geglaubt, daß die Liebenden ein eigener, ja heiliger Stand seien, aller Ehrfurcht wert; daß ihr Dasein als Liebende etwas in die Zeit hinein stiftet, was mehr ist als ein privates Glücksgefühl, etwas Weltgültiges. Diotima: das war für Hölderlin nicht nur eine Erfüllung, sondern viel mehr noch: eine Aufgabe. »Könnten wir das *schaffen*, was du *bist*«, schreibt er einmal; und wenn es uns, die abgefeimten Kinder des zwanzigsten Jahrhunderts, auch sonderbar dünken mag, daß von einem politischen Ereignis wie dem Frieden von Lunéville sich Hölderlins Glaube »an die heilige Herrschaft der Liebe und der Güte« ernstlich nähren mochte, so meinen doch auch wir, gebrannte Kinder doch auch, daß diesem Vertrauen mehr zeugerische Kraft innewohnt als dem Glauben an die Gewalt, an die Kälte, an die große Langeweile, und daß, wenn alle Zynismen sich längst ermüdet haben, der Atem des Hyperion noch immer Leben erweckt, das Leben des Wagnisses und der Gefahr.

Wir blicken hier noch einmal auf Wolfgang Amadeus Mozart, den wir »Hölderlins Bruder« zu nennen uns erkühnten, und diese Bruderschaft, in ihrer beider Jugendbildnis leibhaftig angedeutet (und mehr als nur angedeutet: geistig verheißen), sie scheint mir zu bestehen im innersten Bereich, auch wenn es am Tage ist, daß Mozarts seraphische Heiterkeit keine volle Entsprechung bei Hölderlin findet und daß Hölderlins Nüchternheit etwas anderes ist als die strahlende Weltlichkeit Mozarts, die ›Weltlichkeit‹ heißen darf, auch wenn sie nur schwerelos den Boden der Welt betritt. Wir hätten schon bei der Besinnung auf die Leitbilder des Abendlandes an das bedeutende Zugleich von 1791 erinnern können, daran nämlich, wie in ein und demselben Jahr die ›Zauberflöte‹ und das ›Requiem‹ entstanden sind, und wie gebahnt dieser Weg zu sein scheint von Sarastros »heilige Hallen« zum Heiligtum des Benedictus. Lassen Sie mich hier, da wir von der Liebe als weltbildender Macht handeln, dies sagen: was uns in Mozarts Musik – und hör ich recht, dort wie nirgends, nirgends sonst – anrührt, das ist: daß hier die Liebe geglaubt wird, hölder-

linisch: nicht also als die Privatseligkeit glücklicher Inselmenschen, sondern als lebenbestimmendes Klima, als heilige Sorge, als Verpflichtung, als Frage an die Welt, als Antwort auch; weswegen ja wohl die wahren Mozarthörer sich mitten im Entzücken von einem namenlosen Ernst angerufen wissen. Sie wissen, was für ein »dunkles Licht« – dies ein Wort Hölderlins – hier entzündet ist; sie wissen, daß, diese Liebe in ihrer so ganz untrunkenen Süßigkeit das ganz und gar Unerfüllbare ist, für welches die Welt den vollen Raum nicht hat. Sie wissen, daß, wer Liebe sagt, Opfer sagt, Aetna, Abschied; daß Schwermut hier zu Gaste sein wird und nicht nur zu Gast, daß ein Werk der Liebe, solcher Liebe, seinen Schöpfer früh und tief erschöpft. Wer sich an Zahlen halten will, kann eine Zahl bedenken; eine Lebens- und Alterszahl: fünfunddreißig Jahre alt war Mozart, als er starb, und fünfunddreißig Jahre alt war Hölderlin, als es ihn in die Dämmerung hinwegnahm: »Der aber ist ferne. Nicht mehr dabei. Irr ging er... Himmlisch Gespräch ist sein nun.«
Dennoch will es uns nicht statthaft scheinen, mit dem Wort ›tragisch‹ bei der Hand zu sein, und alle psychologische Spekulation verbietet sich, wenn der Gott spricht. Gewiß, es steht in einem der letzten Briefe, und ist vieldeutbar – das Wort:‹ »Mich hat Apollon geschlagen«. Aber es ist doch nicht Ikarus, an den wir gemahnt werden, wenn wir an Hölderlin denken. Etwas in seinem Gang ist Fürstenweise, und etwas hat die Sicherheit, den Stolz auch und die Ruhe des Vogelflugs; etwas ist, das den Sieg glaubt, und das die Nachfahrenden gleicherweise dem Sieg entgegen führt. Es gibt eine späte Hölderlinstrophe, die mag einer lesen, wie man ›Orphische Urworte‹ liest. Könnte ich dieser Strophe einen Titel geben, so überschriebe ich sie: Hölderlin.

Wie Vögel langsam ziehn
Es bliket voraus
Der Fürst und kühl wehn
An die Brust ihm die Begegnisse wenn
Es um ihn schweiget hoch
In der Luft, reich glänzend aber hinab
Das Gut ihm liegt der Länder, und mit ihm sind
Das erstemal siegforschend die Jungen.

Er aber mäßiget mit
Der Fittige Schlag.

Geschenk ist nicht nur des Schenkenden, sondern zu gutem Teil des Beschenkten Sache und Verantwortung. Beschenkte – sind wir es, hier und heute, und sind wir's als die Betroffen-Erstaunten, als die Erschüttert-Verpflichteten? Die erste Empfängerin des ›Hyperion‹, Susette Gontard, schlug auf und las – wie las sie das, was für sie eingezeichnet stand: »Wem sonst als dir?«

Beziehung zu großer Gabe ist immer verbindlich. Sie ist immer ausschließlich und immer so persönlich, daß – auch wenn eine Gemeinde, eine Schar, eine Abend- und Morgenlandfahrerschaft feiert, der einzelne gemeint ist, also, daß der einzelne auf die Frage, wem das Geschenk und der heilig-strenge Auftrag des Geschenkes gilt, nicht anders sich beschieden findet denn: »Wem sonst als dir?«

Quellenangaben

1.–11. Zuerst veröffentlicht in: Freude am Gedicht. Zwölf Deutungen. Frankfurt am Main. S. Fischer 1952.

12. *Über ein Gedicht von Matthias Claudius*
Zuerst veröffentlicht in: Almanach. Das 78. Jahr. Frankfurt am Main. S. Fischer 1964.

13. *Sieben eigene Gedichte und ein Wort dazu*
Zuerst veröffentlicht in: Almanach. Das 80. Jahr. Frankfurt am Main. S. Fischer 1966.

14. *Über das Gedicht ›Die Apfelschälerin‹*
Hier zum erstenmal veröffentlicht.

15. *Eine Auskunft, Goethe betreffend*
Zuerst veröffentlicht in: Ruf und Echo. Aufzeichnungen 1951 bis 1955. Frankfurt am Main. S. Fischer 1956 (dort unter dem Titel ›Aus einem Gespräch‹).

16. *Schiller, von nahem gesehen*
Zuerst veröffentlicht in: Ruf und Echo. (Vgl. 15.)

17. *Erinnerung an Uhland*
Hier zum erstenmal veröffentlicht.

18. *Johann Peter Hebel, Hausfreund und Hausherr*
Hier zum erstenmal veröffentlicht.

19. *Mörike*
Zuerst veröffentlicht in: Die Dichter der Deutschen, Stuttgart. Cotta 1938.

20. *Hölderlins Geschenk*
Zuerst veröffentlicht in: Vertrauen in das Wort. Drei Reden. Frankfurt am Main. S. Fischer 1953.

Zu ›Mörike‹:

Man wird verstehen, daß ich weder Lust noch Mut dazu hatte, die Studie, die ich als Dreißigjähriger geschrieben habe, nach fünfundvierzig Jahren zu korrigieren. Ich habe sie aber im Gang des Lebens mannigfach ergänzt, am deutlichsten in der Marbacher Rede von 1975, ›Mörike oder die Zwiesprache‹ (Schillergesellschaft, Jahrbuch 1976). A. G.

Thomas Mann

Königliche Hoheit
Roman. Band 2

Der Tod in Venedig
und andere Erzählungen.
Band 54

Herr und Hund
Ein Idyll. Band 85

Lotte in Weimar
Roman. Band 300

Bekenntnisse des Hochstaplers Felix Krull
Der Memoiren erster Teil.
Band 639

Buddenbrooks
Verfall einer Familie.
Roman. Band 661

Der Zauberberg
Roman. Band 800

Joseph und seine Brüder
Romantetralogie. 3 Bände
Bd. 1183/Bd. 1184/Bd. 1185

Doktor Faustus
Das Leben des deutschen Tonsetzers Adrian Leverkühn, erzählt von einem Freunde.
Band 1230

Tonio Kröger/
Mario und der Zauberer
Zwei Erzählungen. Band 1381

Der Erwählte
Roman. Band 1532

Die Erzählungen
2 Bände: Bd. 1591/Bd. 1592

Goethes Laufbahn als Schriftsteller
Zwölf Essays und Reden zu Goethe.
Band 5715

Essays
Literatur. Band 1906
Herausgegeben von
Michael Mann
Politik. Band 1907
Herausgegeben von
Hermann Kurzke
Musik und Philosophie.
Band 1908
Herausgegeben von
Hermann Kurzke

Briefe
Herausgegeben von Erika Mann
Band 1/1889–1936/Bd. 2136
Band 2/1937–1947/Bd. 2137
Band 3/1948–1955 und
Nachlese. Bd. 2138

Thomas Mann/Heinrich Mann
Briefwechsel 1900–1949
Herausgegeben von
Hans Wysling
Band 1610

Eine Chronik seines Lebens
Herausgegeben von Hans Bürgin/Hans-Otto Mayer.
Band 1470

Briefwechsel
mit seinem Verleger
Gottfried Bermann Fischer
Herausgegeben von
Peter de Mendelssohn
2 Bände/1566

Luise Rinser

WINTERFRÜHLING

Aufzeichnungen 1979–1982

etwa 240 Seiten, Leinen

Luise Rinser ist beharrlich und beweglich; nie verleugnet sie ihr Wesen, ihre Ungeduld, nie ihre Verzweiflung und ihren Glauben, der über die Verzweiflung geht und getragen wird von Liebe zum Leben, zum Menschen. Ihre Stetigkeit bedingt Erneuerung: Die Schriftstellerin, die Frau ist den Erscheinungen des Tages aufgeschlossen. Sie führt »fast ein Tagebuch«. Dies der Untertitel ihres 1970 erschienen Bandes »Baustelle«. Sie setzte ihre Notizen fort: 1972 »Grenzübergänge«, 1978 »Kriegsspielzeug«. Nun folgt nach dem erregenden autobiographischen Buch »Den Wolf umarmen« ein vierter tagebuchartiger Band »Winterfrühling«: Zeugnisse des Denkens und Erlebens. Mit unerloschener Leidenschaft nimmt Luise Rinser Stellung. Sie diskutiert, sie fragt, und sie antwortet, sie ist ergriffen von Eindrücken und von Problemen. Vor allem: Sie erzählt. Man vernimmt ihren unverwechselbaren Tonfall, man hat teil an Erfahrungen, die nur sie machen kann, man sieht eindringliche Bilder. Reisen: 1979 durch Bolivien, nach Polen mit dem Papst, im Mai 1981 nach Japan, zweite Nordkorea-Reise September und Oktober 1981. – Stille in Rocca di Papa. Apulische Tage. Lektüre. Politisches in Zorn und Streben nach Gerechtigkeit. Über Persien. Schriftstellertreffen in Ostberlin. Themen und Impressionen in Fülle. Ureigene Erkenntnisse und Formulierungen. Das Religiöse, nicht beengt, sondern frei sich erhebend über die Konfessionen, bestimmt Denken, Fühlen, Schreiben der Autorin und verhilft ihr zu ungewöhnlichen Einsichten und Entdeckungen. Jugendlichkeit und Reife mischen sich in dieser Prosa, in dieser Persönlichkeit auf originelle Art. Die Aufzeichnungen sind fesselnd und frisch.

S. Fischer

LUISE RINSER

Mitte des Lebens
Roman. Band 256

Die gläsernen Ringe
Erzählung. Band 393

Der Sündenbock
Roman. Band 469

Hochebene
Roman. Band 532

Abenteuer der Tugend
Roman. Band 1027

Daniela
Roman. Band 1116

Die vollkommene Freude
Roman. Band 1235

Ich bin Tobias
Roman. Band 1551

Ein Bündel weißer Narzissen
Erzählungen. Band 1612

Septembertag
Erzählung. Band 1695

Der schwarze Esel
Roman. Band 1741

Bruder Feuer
Roman. Band 2124

Mein Lesebuch
Band 2207

Baustelle
Eine Art Tagebuch
Band 1820

Gefängnistagebuch
Band 1327

Grenzübergänge
Tagebuch-Notizen
Band 2043

Kriegsspielzeug
Tagebuch 1972-1978
Band 2247

Nordkoreanisches Reisetagebuch
Informationen zur Zeit
Band 4233

Fischer Taschenbücher

Hilde Domin

im S. Fischer Verlag

Lyrik

Nur eine Rose als Stütze
S. Fischer 1959
9. Auflage, 17.–19. Tsd. 1981

Rückkehr der Schiffe
S. Fischer 1962
6. Auflage, 11. Tsd. 1982

Hier
S. Fischer 1964
4. Auflage, 8.–9. Tsd. 1981

Prosa

Das zweite Paradies
Fischer Taschenbuch Band 5001
2. Auflage, 15. Tsd. 1981

Editionen

Doppelinterpretationen
Das zeitgenössische deutsche Gedicht
zwischen Autor und Leser
Fischer Taschenbuch Band 1060
1969; 1979 – Gesamtauflage 75 000

Spanien erzählt
Fischer Taschenbuch Band 1799
1963; 1977 – Gesamtauflage 70 000